L'ÉVEIL À LA LUMIÈRE

CLÉMENCE BIASINO PILLET

L'ÉVEIL À LA LUMIÈRE

INITIATION À LA SPIRITUALITÉ

CLÉMENCE
la Voix de Lumière
BIASINO PILLET

ISBN : 979-8-8151-5469-8

Sommaire

Préface

Aujourd'hui nous sommes le 29 novembre 2021. J'ai enfin compris qu'il était temps pour moi d'écrire.

Cela fait maintenant un an que les guides m'envoient constamment l'idée de l'écriture d'un livre.

Que signifiait écrire un livre ? Écrire ma vie ? Raconter mon histoire ? Raconter ma passion ? Poser mes protocoles par écrit ? Que devais-je écrire ?

J'ai longtemps été confrontée à cette angoisse de savoir ce que je devais écrire.

Longtemps freinée par ce mental qui me laissait penser que mon histoire n'intéresserait personne.

Alors longtemps, très longtemps, j'ai repoussé ce moment. Prétextant ne pas avoir le temps. Prenant des rendez-vous qui surchargeraient l'agenda au lieu de me laisser le temps libre pour cette écriture…

Je suis animée depuis le début de ma carrière par l'idée de transmettre, d'enseigner et de partager mes connaissances sur ce monde spirituel qui m'emplit de joie.

Dans un premier temps, je l'ai beaucoup fait lors de formations, de conférences.

J'ai utilisé ma voix comme support de transmission pendant près de 2 ans sans relâche.

Jusqu'à ce qu'elle me montre sa limite et se mette à flancher.

En mai 2021, alors que je me refusais à écrire, et que je transmettais mon savoir avec ma voix, elle s'est mise à me lâcher. Rendant toute prise de parole prolongée difficile, voire impossible.

Ma voix était fatiguée, usée. Elle ne portait plus.

À ce moment-là, je compris qu'on me demandait d'œuvrer autrement et que tout rejoignait la transmission silencieuse qu'est l'écriture.

Alors j'ai calmé mon mental, j'ai écouté mes guides, et je me suis mise à écrire.

Le jour où j'ai accepté de transmettre mes enseignements par écrit, ma voix est redevenue claire et facile.

Aujourd'hui, le 29 novembre 2021, est venu le temps de poser ces mots sur papier afin qu'ils puissent marquer à leur tour la matière et non plus s'envoler de manière éphémère par la parole.

Préface

Écrire pour exister.
Écrire pour incarner.
Écrire pour transmettre.
Écrire pour enseigner.
Écrire pour éclairer.
Écrire pour laisser une trace.

C'est ainsi que, aujourd'hui, je décide de prendre ma plume afin de transmettre ce qui m'anime au plus profond de mon cœur. Ce qui m'éveille. Ce qui me nourrit. Dans le but de pouvoir apporter un peu de lumière à ceux qui liront ces quelques pages.

Je ne sais pas où je vais, mais je suis heureuse d'y aller.

Belle lecture.
Clémence

Première partie

LA VOIX DE LUMIÈRE

Je m'appelle Clémence Pillet. Je suis née le 8 décembre 1987 à Tourcoing dans le nord de la France.

Je suis un de ces bébés que l'on appelle un bébé surprise. Ce genre de bébé que l'on n'attend pas. Que l'on ne prévoit pas. Et pourtant qui vient bousculer la vie toute tracée de la Famille dans laquelle on s'incarne.

Ma mère venait d'accoucher de ma sœur un mois auparavant lorsqu'elle apprend qu'elle porte à nouveau un enfant. Moi.

Lorsque je suis née, ma sœur avait 10 mois et demi. Ma mère avait donc à sa charge deux enfants en bas âge. Elle nous a toujours raconté qu'avoir deux enfants qui ne marchent ni l'un ni l'autre est une vraie difficulté et je veux bien croire que cela lui a demandé énormément de flexibilité et de sacrifice.

À peine 2 ans et demi après ma naissance, un petit frère venait rejoindre notre famille.

Vous pouvez vous imaginer qu'avec 3 enfants en bas âge ma venue sur terre a été plutôt bien cadrée. Il fallait beaucoup de structure pour que tout roule et nous devions filer droit.

L'expression des émotions, des besoins n'était pas franchement bienvenue.

Il ne fallait pas troubler l'ordre familial.

Je venais déjà bousculer cette famille qui ne m'avait pas désirée, il ne fallait pas non plus faire trop de vagues. Alors j'ai appris à me taire la plupart du temps. Mais aussi à exploser l'autre partie du temps.

Taire les émotions les fait ressortir d'une manière beaucoup plus violente et plus forte, à la manière d'une cocotte-minute qui retient la pression tellement longtemps qu'elle finit par éclater.

Ainsi, j'oscillais entre l'enfant sage, parfaite, modèle, et l'enfant à problème.

La première partie de ma vie a été marquée par cette ambivalence.

Je suis née dans une famille aimante et très adéquate.

Ma maman était infirmière de bloc opératoire, mon papa instituteur puis directeur d'école.

J'ai vécu une enfance « heureuse » où je n'ai manqué de rien. J'avais des parents aimants, des frères et sœurs sympas avec qui je m'entendais très bien, un contexte familial sain et une belle sécurité matérielle. J'avais même des animaux merveilleux que j'adorais et qui étaient mes confidents.

J'ai eu une enfance stable et sécuritaire en apparence.

De l'autre côté, grâce à ma famille j'ai découvert ce qu'étaient les loyautés familiales et le transgénérationnel.

Ma famille était remplie de croyances, de peurs, d'injonctions parentales, de transgénérationnel, de rôles et de loyauté ce qui a grandement participé à mon mal être et au fait que je n'arrivais pas à trouver ma place.

De mon enfance est née une grande blessure d'âme. J'ai connu la blessure de rejet et la blessure d'abandon.

Je fais partie de ces enfants qui ont appris à être comme il faut, comme on attendait qu'ils soient pour ne pas déplaire et ne pas déranger.

J'ai toujours essayé de faire mon possible pour ressembler à ce que mes parents attendaient de moi. (Petit spoiler : j'ai échoué à suivre le chemin tracé pour mon plus grand bonheur !)

De l'autre côté j'ai été une enfant extrêmement difficile à comprendre parce que je hurlais mon mal être.

J'étais une enfant intense, avec des questionnements difficiles, avec des raisonnements qui n'étaient pas de mon âge et des émotions qui prenaient souvent le dessus et éclataient en laissant mes parents dans un profond désarroi.

J'ai été trimballé de psy en psy pour comprendre quel était le mal qui semblait m'habiter.

J'ai souvent été pointée du doigt comme étant le problème, comme étant l'élément discordant de la famille.

« Ce n'est pas la famille qui va mal, c'est Clémence qui crée tout ceci »

J'ai eu le sentiment de porter sur mes épaules tout ce que les autres ne voulaient pas porter.

J'avais le rôle de l'enfant difficile, alors, il était relativement aisé pour mes proches de se débarrasser de leurs propres problèmes en me faisant porter le chapeau.

Régulièrement mes parents avaient l'impression que je n'étais pas aux commandes. Ma mère me disait souvent le matin, au réveil : « Ah, aujourd'hui ce n'est pas toi ». Cette phrase pourtant anodine, allait avoir une résonance énorme des années plus tard.

Dans mon for intérieur je me suis toujours sentie incomprise.

Je m'isolais souvent dans ma chambre en essayant de réfléchir à mes émotions, à mes comportements.

Je cherchais à comprendre ce qu'il se passait pour moi.

J'analysais ce que je ressentais chez les autres.

J'ai toujours eu une capacité d'introspection assez dingue pour une enfant.

Et lors de ces puissants moments de questionnement, j'entendais des phrases venir dans ma tête. Des voix qui n'étaient pas différentes de la mienne mais qui portaient une énergie différente à moi. Elles semblaient m'apporter des réponses et répondaient de manière extérieure à des raisonnements internes.

Ces voix ont eu une importance capitale dans ces grands moments d'introspection. Elles m'ont toujours soutenue et apporté du réconfort.

Elles me disaient à quel point je n'étais pas ce que mes parents disaient que j'étais. Elles me montraient qu'il y avait aussi beaucoup de belles choses en moi et qu'il ne fallait pas que je reste figée sur une image négative de moi-même. Elles me permettaient de comprendre tous les tenants et aboutissants des situations que je vivais.

Bien plus tard, j'ai compris que ces voix qui venaient jusqu'à moi étaient mes guides. Et ils étaient déjà bien présents dans mon quotidien depuis ma plus tendre enfance.

Mes guides m'ont aidée à ne pas perdre pied dans les moments les plus difficiles de ma vie. C'était une petite voix qui me poussait vers le positif, une petite voix qui me permettait de me détacher de ce qui était lourd et grâce à laquelle je pouvais entrevoir une once de lumière en pleine obscurité.

Cette petite voix m'a toujours amené de la compréhension sur ce que j'étais en train de vivre, m'empêchant de sombrer.

Cette petite voix, bien que très réconfortante, avait également un aspect très déstabilisant pour moi.

Grâce à ces choses qui me venaient spontanément en tête, je comprenais très vite les problématiques de ma vie mais aussi celles des uns et des autres.

Lorsque je rencontrais quelqu'un qui avait un problème, il suffisait que j'entre en empathie avec la personne pour voir se dérouler une sorte de réponse dans ma tête, cela venait naturellement.

D'un coup la solution de la problématique m'apparaissait comme une évidence. J'avais comme une limpidité, une clarté dans tout ce que je voyais et dans tout ce que je vivais. C'était comme si je devenais omnisciente et que je savais prendre un recul qui me permettait d'avoir une objectivité qui ne m'appartenait pas.

Cela a été très difficile pour moi car très déstabilisant et je n'en parlais à personne !

Cela a aussi amené beaucoup de colère en moi.

Ces problématiques que je comprenais d'une manière évidente, pourquoi les autres ne les voyaient-ils pas de la même manière ?

J'ai toujours cru que si cela me venait à moi, cela venait forcément aux autres.

Je pensais que chacun d'entre nous avait la capacité à recevoir les réponses à ses problématiques. Et s'ils avaient, eux aussi les informations, je ne comprenais pas pourquoi ils restaient sur leur problématique sans sembler vouloir s'en sortir.

Cela a amené beaucoup de questionnement pour moi.

Je me souviens d'une personne dans mon entourage qui avait un problème pour avoir des enfants, je savais que si elle travaillait sur ses blocages en lien avec son papa, elle s'autoriserait à nettoyer ses ancrages négatifs et qu'elle pourrait enfanter. C'était évident, pourquoi si cela me venait à moi les autres ne pouvaient pas le comprendre et faire évoluer les choses.

Ces informations que je recevais m'ont toujours poussée à rechercher la vérité.

J'aime dire qu'avec ces informations, je lisais en l'autre comme dans un livre ouvert. Me permettant d'accéder à ses grandes blessures et grandes problématiques.

Ainsi, lorsque j'entendais quelqu'un être méchant, je voyais toujours d'une manière limpide tout ce qui vivait de manière sous-jacente à sa colère.

Et de ça est née la blessure de rejet.

Je voyais ce qu'était l'autre dans son authenticité, dans sa profondeur. C'était une richesse incroyable de pouvoir accéder à ce qui est enfoui en l'autre et, inconsciemment, j'ai pris le rôle d'être celle qui dérange, celle qui éveille, celle qui pointe les problématiques de l'autre. Non pas pour « faire mal » mais dans le but de lui permettre d'évoluer.

Être celle qui pointe ce qui ne va pas chez l'autre n'était pas bienvenu. Et j'ai donc été rejetée pour être celle-là. Pour être celle qui vient mettre en lumière les zones d'ombres chez l'autre.

J'ai mis très longtemps à comprendre qu'être vrai avec l'autre pouvait être déstabilisant. Que je ne pouvais pas livrer à l'autre ce que je voyais en lui sans en avoir eu l'autorisation ou sans sollicitation.

Effectivement, quelqu'un qui refuse de voir ses blessures et sa souffrance personnelle a tendance à la projeter sur l'autre pour la rendre extérieure à soi. Il va accabler l'autre, le rendant coupable.

Si je me dédouane de ma souffrance, je lui cherche un coupable extérieur à qui faire porter le poids de tout ceci.

L'autre devient alors mon bouc émissaire et, par mon fonctionnement, j'ai toujours été celle-là.

Celle à qui on fait porter le chapeau, celle que l'on rend coupable de ses propres souffrances que l'on ne veut pas porter. Celle que l'on pousse à bout, que l'on humilie, que l'on descend juste parce qu'on sait qu'elle va être le réceptacle parfait. J'ai toujours été pointée du doigt comme étant le problème.

J'étais ce que l'on appelle un révélateur. On avait pris l'habitude de me faire porter le chapeau pour les choses qu'ils n'arrivent pas à assumer.

Je crois qu'avoir vécu cela a été une des plus grandes souffrances dans ma vie d'enfant.

Je ressentais très clairement que l'autre projetait sur moi ses blessures et frustrations et cela faisait naître des ambivalences terribles en moi. Je trouvais cela injuste, créant des révoltes internes hyper violentes.

Je ne savais plus si j'avais le droit d'être moi-même, si je devais faire confiance à ma petite voix ou écouter ce que l'on disait de moi.

Ce n'est qu'au fur et à mesure de mon évolution d'adulte que j'ai pu conscientiser tout ceci.

Parfois quand le ras le bol de tout porter me pesait trop, je créais des scénarios où je disparaissais de la vue de mes parents pour essayer de créer chez eux une peur qui leur feraient prendre conscience que je suis importante dans leur vie.

À 6 ans, j'ai même fait ma première fugue. J'ai pris mon oreiller, mon doudou et je suis partie de l'appartement où nous vivions. Je ne suis pas allée bien loin, ma mère m'a retrouvée dans les escaliers du petit immeuble que nous habitions. Et de toute façon, je n'aurai pas pu aller bien loin, nous vivions dans l'école où mon père exerçait. Mais cette volonté de m'échapper parce que le rejet était lourd à supporter était un vrai symptôme de ces ambivalences que je ressentais.

Je me sentais aimée si je restais dans le rôle que mes parents avaient prévu pour moi.

Petit à petit, à l'adolescence, j'ai développé mes connaissances en psychologie et j'ai compris que j'étais ce que l'on appelle un révélateur.

Je suis un de ces êtres qui, par son incarnation, va appuyer sans le vouloir là où ça fait mal, renvoyant à l'autre toutes ses blessures.

Cela peut être difficile à gérer alors l'autre me rendait coupable d'être la « méchante ».

Pendant toute cette période très difficile, je n'ai jamais eu aucun autre soutien que celui de mes guides.

Ils étaient les seuls à me réconforter et à m'expliquer ce qu'il se passait.

J'ai souffert de me sentir abandonnée émotionnellement.

Je me sentais rejetée, reniée par ceux qui étaient censés m'élever et m'aimer inconditionnellement.

Or, dans ces moments, tout le monde me tournait le dos.

Cela a créé une immense blessure d'abandon, qui, quelques années plus tard m'a poussée à m'accrocher à des personnes inadaptées. Recherchant par la même la validation dont j'avais manqué dans l'enfance.

Aujourd'hui encore, certaines personnes sont dérangées par ma simple présence parce qu'elle leur renvoie naturellement les blessures en plein cœur.

J'ai, aujourd'hui, appris à m'en accommoder et à me dire que cela faisait partie de ma mission de vie. D'être celle qui dérange pour éveiller à ses blessures et les libérer.

Welcome joli petit mouton noir, celui qui vient nettoyer la lignée qui porte des charges trop lourdes.

Heureusement, sur cette voie qui n'a pas été facile, l'univers a été merveilleux et a mis sur mon chemin des personnes qui agissaient différemment. Me montrant qu'une autre façon de faire était possible. Je pense à ma tante Anne qui est une personne incroyable.

Je me souviens, petite, Anne nous parlait avec beaucoup de respect, de douceur, de compréhension.

Elle se mettait souvent à notre hauteur pour nous parler, elle nous écoutait vraiment et était extrêmement empathique. Avec elle on était libre d'être nous.

Par cette attention qu'elle nous donnait on se sentait vivant, on se sentait légitime.

Par ses mots et ses phrases, on se sentait accueillis, on se sentait aimés. Elle écoutait nos émotions. Elle nous laissait être libres d'être et de penser ce que l'on était juste en nous écoutant sans chercher à nous donner des réponses.

Anne a vraiment été un trésor pour moi. Un modèle depuis ma plus tendre avance. Et c'est grâce à ce qu'elle m'a montré comme chemin que lorsque je suis devenue maman, je me suis orientée vers la parentalité positive, l'écoute, l'empathie, la communication non violente, l'approche Montessori.

Elle me montrait qu'une autre voie, celle de l'écoute et de la validation était possible.

Naturellement c'est grâce à elle qu'aujourd'hui j'exploite cela aussi avec les enfants que j'accompagne. Afin qu'ils aient un espace d'accueil, d'écoute ; un espace d'amour. Je transmets ce que j'ai reçu.

Aujourd'hui, face à cette souffrance de l'enfance, je suis en paix, ces épreuves étaient nécessaires. Elles me préparaient déjà à devenir la thérapeute que je suis aujourd'hui car il faut le dire, j'ai souvent manqué de tact et de délicatesse dans l'enfance. Le fait que cela soit récurrent m'a permis de travailler à chaque fois un peu plus ma diplomatie.

Je garde une énergie percutante, c'est prévu dans cette incarnation que je percute, mais j'arrive à arrondir les angles pour que le message arrive en douceur et c'est grâce à toutes ces mises en pratique dans l'enfance que j'ai pu apprendre à faire preuve de CLEMENCE. J'avais besoin de vivre tout ceci pour évoluer.

Mon histoire de vie et mon incarnation étaient donc parfaitement adaptées à ce que je devais vivre pour pouvoir prendre ma place plus tard.

À mes 18 ans je suis entrée dans une période très difficile de ma vie. Période où il a fallu que j'apprenne qui j'étais. Quelle était mon identité propre ? Quelle jeune femme étais-je, indépendamment de ma lignée féminine ? J'ai dû faire face à cette crise identitaire alors que mes parents étaient en train de se séparer et que ma famille explosait. J'ai moi-même explosé à cette période.

Cassant les schémas établis dans l'enfance et qui ne me convenaient plus, j'ai tout éclaté en moi. Tout s'est effondré pour permettre de déconstruire ce que je ne voulais plus et, plus tard, rebâtir ce que j'étais vraiment.

Cette période de ma vie a été assez violente mais encore une fois, pendant que je traversais le chaos, j'ai toujours cherché à comprendre et je n'arrêtais pas de lire des livres traitant de psychologie. J'ai cherché à comprendre l'esprit humain, ses mécanismes, ses fonctionnements.

Pendant cette période j'ai cherché à me connaître à travers la thérapie TCC qui très vite a montré ses limites pour moi. Géraldine, ma psy de l'époque, m'a alors proposé de continuer mon chemin avec Samia, kinésiologue. La kinésiologie a été d'une aide incommensurable, me permettant de travailler la confiance, le lâcher prise, l'ancrage pour apprendre à me défaire de mes blessures.

Avec Samia s'est ouverte la passion pour les huiles essentielles. J'ai commencé à m'y former pour les comprendre et les utiliser comme des auxiliaires de soin.

Samia m'a aussi apporté énormément de connaissance de moi. Elle m'a initiée au reiki que je n'ai pas du tout aimé mais qui m'a permis de comprendre que j'avais une aisance dingue en projection à distance. C'était les prémices de mon travail de nettoyeuse énergétique qui faisaient leur arrivée dans ma vie.

Puis par le biais de Samia, j'ai atterri chez Pierre-Yves, brillant astrologue et tarologue, avec qui j'ai avancé dans la compréhension de mon chemin de vie et qui m'a formée au tarot de Marseille.

Paradoxalement, il y avait d'un côté tout ce mal être et de l'autre tout cet enrichissement que je récoltais.

Grâce à cette période, j'emmagasinais déjà mes tous premiers bagages qui allaient me servir des années plus tard.

Dans cette période déstructurante, il m'a fallu me raccrocher à des amours illusoires pour ne pas sombrer.

L'éducation reçue, le manque de confiance en moi et mes blessures d'abandon et de rejet sont toutes ressorties à cette période de ma vie. Et elles m'ont fait m'accrocher très fort à des personnes de qui j'attendais de l'Amour, de la reconnaissance, de la validation.

Évidemment, ces personnes n'ont fait que renforcer ma blessure d'abandon. Car choisies par moi pour entretenir ma propre blessure afin que je puisse moi-même en prendre conscience et la travailler.

Perdue dans tout cela, n'ayant aucun repère, ni aucune aide adéquate, j'ai coupé ma médiumnité et pendant quelques années, j'ai fait taire la petite voix dans ma tête, me retrouvant éperdument seule.

J'ai connu une descente aux enfers qui a duré 3 longues années, j'ai connu la nuit noire de l'âme.

Cette période de vie où tout ce que nous pensons être est démoli. Où tous nos repères sont détruits et partent en fumée. Où tout ce qu'il reste de nous, c'est un vaste champ de ruines qui transpirent le chaos. Le tout accompagné d'un épais brouillard noir qui isole et donne une sensation de vide, de froid incommensurable…

Cette nuit noire de l'âme a débuté avec l'arrêt de ma première grossesse. Cet arrêt a été l'élément déclencheur, faisant ressortir toutes mes blessures enfouies jusqu'alors. Et alors que je pensais ne jamais revoir la lumière à nouveau, lorsque je ne donnais plus très cher de ma peau, j'ai prié et demandé de l'aide, par désespoir. J'ai demandé qu'on m'aide. Je l'ai demandé avec le peu de force qu'il me restait. Et petit à petit, la petite voix est revenue en moi, m'apportant soutien, réconfort et espoir.

Cette petite voix est revenue alors que je donnais naissance à mon premier fils. Mon tout premier bébé. Mon miracle de la vie.

Cette petite voix m'a de nouveau sauvée, me faisant à nouveau croire en de jours meilleurs.

Après 3 ans de détresse spirituelle, un matin je me suis levée, c'était le 27 juillet 2012. Je me suis levée avec l'intime conviction qu'une page de ma vie s'était tournée pendant la nuit et que j'accédais enfin à un nouveau chapitre.

C'était là, devant moi comme une évidence. Je ne ressentais plus de peur ; plus de tristesse ; plus de colère. J'étais juste confiante et sereine. Et, en ce jour précis j'ai pris une des plus grandes décisions de ma vie, portée par cette confiance venue de l'univers. Ce jour-là, j'ai repris ma vie en main. Ce jour-là j'ai compris que j'avais de la valeur et que je devais aller vers mon chemin.

Quelques jours après cette révélation et la décision qui a découlé, je tombe « par hasard » sur un livre qui m'interpelle et que je décide d'acheter « Mon ange gardien m'a sauvée » de Dorothy Chitty. Ce livre sonne les prémices de mes questionnements dans la spiritualité.

Enfin je commençais à ouvrir les yeux et à comprendre. Comprendre que ce que je venais de vivre pendant ces années était un passage nécessaire pour me préparer à ce que j'allais vivre par la suite.

Les années qui ont suivi ont été mes années d'ouverture.

J'ai rencontré mon cher mari, Vincent, qui a été pour moi un pilier d'une solidité incroyable. Je l'ai rencontré alors que je me relevais de cette période difficile, j'étais debout dans un champ de ruines.

Son amour a été la colle qui est venue m'aider à recoller les morceaux cassés en moi. Me permettant dans un premier temps de panser mes plaies à travers son Amour. Et c'est aussi grâce à son amour que j'ai pu apprendre à m'aimer telle que je suis. Il m'a donné l'amour inconditionnel dont j'avais manqué et cet amour m'a permis de me voir telle que j'étais.

Nous avons fondé notre foyer et accueilli dans notre vie notre fils, mon petit deuxième et son tout premier.

L'arrivée de cet enfant a eu l'effet d'un tsunami en moi.

Cette maternité a tellement été déroutante que j'ai cherché à me comprendre encore plus. J'ai travaillé d'arrache-pied pour comprendre mes mécanismes, comprendre mon fonctionnement, lever les blocages, nettoyer les liens, me décharger de poids etc... Cet enfant a, lui aussi, été un puissant révélateur dans ma vie. Après avoir recollé les morceaux de mon cœur, cette maternité me permettait de me mettre face à moi-même et de découvrir réellement celle que j'étais.

C'est dans la maternité que la femme peut évoluer d'une manière incroyable. Il y a la gestation de l'enfant mais aussi la gestation de la femme.

C'est d'ailleurs, pour moi, un leitmotiv, mes 4 grossesses ont toutes déclenché de profondes choses en moi.

Pendant ces années d'apprentissage autour de cette deuxième maternité, j'ai enfin compris que mon fonctionnement, depuis toute petite, n'était pas bizarre mais que j'étais différente.

J'ai appris à me connaître et à me comprendre. J'ai enfin pu mettre des mots sur qui j'étais.

J'ai compris que j'étais différente parce qu'extrêmement connectée aux énergies. Mon monde est fait de ressentis, d'émotions, de sensations, de vibrations, d'âmes errantes, de choses inconscientes mais vibrantes…

À ce moment-là, je m'éveille et je trouve les réponses à ce que je pensais être mes problématiques d'enfance.

Je découvre la blessure d'abandon et la blessure de rejet que je porte. Je découvre ce que c'est que de s'incarner hypersensible et haut potentiel ainsi que mouton noir.

À ce moment de ma vie, lorsque je trouve des réponses à ce qui me pesait depuis l'enfance, j'ai enfin la sensation d'accéder à ma vraie identité. J'ai enfin l'impression que je peux m'affirmer telle que je suis car je suis légitime. Je me reconnais dans ce que je vibre. J'accepte mon identité, mon fonctionnement, mes besoins. Et lorsque j'accepte d'incarner celle que je suis sans rougir ni avoir honte de moi-même, je sais que j'ouvre pour moi la voie royale.

Ma vie prend enfin tout son sens.

Je suis à ma place.

Je suis enfin chez moi prête à réaliser ma mission d'incarnation.

C'est aussi à ce moment de vie que je commence à ressentir clairement des énergies. Lorsque je couche mon fils dans son lit, je sens quelqu'un dans mon dos. Lorsque je prends ma douche, je me sens observée. Seule avec lui à la maison, j'expérimente des sensations étranges, qui me laissent un sentiment bizarre. Je n'ai pas réellement peur mais je suis plutôt mal à l'aise.

Puis je décide d'occulter, en me disant que ça finira par passer.

Là « moi qui naît » et la « moi qui est » sont encore en décalage.

Je deviens de plus en plus authentique et paradoxalement j'évolue encore dans un milieu toxique. J'éprouve beaucoup de difficulté à faire vivre la vraie Clémence dans ce monde matériel dans lequel je suis.

À ce moment-là, je travaille de nuit en tant qu'aide-soignante dans un service hospitalier de maladies infectieuses. Je suis à la fois bien d'être loin de l'agitation de journée à l'hôpital mais lorsque ma nuit de travail est terminée, je rentre exténuée à la maison et de très mauvaise humeur tant les énergies des lieux sont pesantes pour moi.

Au plus les mois passent, au plus des phénomènes étranges se passent dans mon service pendant les nuits où je suis là sans qu'on puisse y mettre la moindre explication.

Je ne le savais pas encore, mais étant passeuse d'âmes, certaines âmes bloquées à l'hôpital profitaient de ma présence pour se manifester.

Cela m'épuisait et je ne comprenais pas.

Pendant cette période, mon mari et moi nous marions, et 15 jours après mon mariage, le 11 septembre 2016, mon grand-père adoré que j'aimais tant, décède des suites d'un cancer. Il décède dans une magnifique magie alors que nous sommes tous réunis autour de lui dans la chambre d'hôpital, son cousin Yves Wecxsteen, prêtre, lui donne l'extrême onction et au moment où il pose l'huile sacrée sur son front, mon grand-père pousse son dernier soupir.

À ce moment précis, la chambre d'hôpital est remplie de lumière, un rayon lumineux matinal entre dans la chambre et crée une atmosphère magique, enveloppante, sereine.

Papi vient de mourir et pourtant j'éprouve une joie incroyable, que je cache, je suis triste de le perdre mais quelque chose me pousse à me dire « faisons la fête ». Je suis en joie de le savoir libre.

La suite de ces deux événements aura sur moi l'effet d'une bombe, et je décide de faire vivre la voix qui hurle en moi et je démissionne sans préavis.

Je décide de quitter ce milieu dans lequel je ne suis plus bien du tout et je trouve un travail auprès d'adolescents dans un collège, ce qui me permet de concilier ma vie de mère de famille, mes particularités énergétiques et ma vie professionnelle.

À ce moment-là je peux respecter mes besoins. Je sais que j'ai besoin de beaucoup de sommeil et que j'ai besoin d'avoir une routine bien définie.

À peine le premier mois passé dans ce nouveau travail, je tombe enceinte presque par miracle.

Pour faire bref, je tombe enceinte en pleine période de règles et comme je suis très sensible à mon cycle, j'ai cette chance inouïe de sentir l'ovulation qui a eu lieu et mon intuition me dit : bingo !

Cette grossesse n'était ni prévue, ni cherchée, elle était sûrement inconsciemment désirée. Une belle répétition avec ma propre incarnation me direz-vous

Au fond de moi j'avais toujours eu l'envie qu'on puisse avoir une troisième enfant mais l'idée matérielle de le faire n'était plus du tout d'actualité. Alors je vois cette grossesse comme une bénédiction, comme quelque chose de nécessaire qui a surement beaucoup de sens sur mon chemin. Je dis de cette grossesse qu'elle a été envoyée par l'univers, bénie des dieux, protégée par les anges.

Mon troisième enfant naît et avec lui, je nais pour de bon.

C'est, enfin, la chrysalide qui devient papillon.

Mon troisième fils, naît un jour de septembre 2017, et ma famille me rend visite à l'hôpital le même jour à la même heure, sans se concerter. Nous nous retrouvons dans la chambre d'hôpital numéro 157, chambre où je suis née, et où mes deux premiers fils sont nés. Lorsque je prends conscience que tout le monde est là, je me rends compte que nous sommes dimanche, et que 365 jours calendaires auparavant, nous étions aussi tous réunis dans ce même hôpital pour papi. À ce moment, je me dis qu'il y a sûrement un « signe » et je m'éveille à d'autres possibles.

C'est avec cette maternité non programmée que je vais enfin plonger tête la première dans l'univers énergétique.

Pendant les premières semaines de vie de mon fils, se passent à la maison des phénomènes totalement inexpliqués. À l'époque, je ne suis pas vraiment consciente de tout ce qui se joue de l'autre côté du voile mais j'y crois pour avoir déjà expérimenté quelques petites choses par ci et par là. Au vu de la récurrence des phénomènes à la maison et de leur intensité, sans pouvoir y mettre une explication matérielle, nous décidons de faire appel à une médium de Marseille pour venir nettoyer notre maison.

Me voilà en 2017 à chercher une médium passeuse d'âme alors que je n'y connais rien. Je tape « présence dans les lieux » ou encore « médium exorciste », ne connaissant pas le terme de passeur d'âmes et je tombe sur le premier résultat qui m'inspire confiance. J'appelle cette médium, qui est de Marseille pour lui exposer notre problème.

Lors de la première consultation en visio, Anne Sophie, me dit : « Mais Clémence, s'il y a autant de monde chez toi, c'est qu'ils sont là pour toi, tu es passeuse d'âmes ».

Et à cet instant précis, la pièce tombe…

À l'instant où elle prononce ces mots, je vois ma vie défiler devant mes yeux et je comprends enfin tout. La pièce tombe et peux enfin identifier tout ce que j'ai vécu dans l'enfance.

À cet instant précis, dans l'immédiateté de cette phrase, j'entends à nouveaux les voix qui ont baigné mon enfance, celles de mes guides, et ils me montrent des images de mon passé et m'expliquent… Ils me remontrent l'image de mon arrière-grand-mère, Jeanne, qui, le jour de son enterrement, était venue à la fenêtre me faire coucou alors que je m'endormais.

Ils me montrent mes nuits d'enfance où, cachée sous ma couette, je suis morte de peur parce que je vois des personnes dans ma chambre et que je sais que l'on veut me parler.

Ils me remontrent la fascination que j'avais pour ma garde-robe lorsque j'étais petite, ancienne armoire d'église où les prêtres rangeaient les soutanes. Je passais des minutes entières à l'observer et la ressentir et je lui conférais le pouvoir magique d'être un portail vers un autre monde.

Je comprends ces nuits agitées. Je comprends mes sautes d'humeur. Je comprends pourquoi ma mère me dit le matin au réveil : « ce n'est pas toi ». Je comprends les émotions que je ressens et qui ne sont pas miennes. Je comprends les sensations d'être épiée. Je comprends les sonnettes qui retentissaient en pleine nuit dans des chambres vides à l'hôpital. Je comprends pourquoi lors de mes nuits de travail, nous entendions de temps à autre des pas dans les couloirs ou des vacarmes dans certaines chambres.

Je comprends pourquoi j'ai été heureuse lorsque mon grand-père est décédé, et je comprends pourquoi la mort m'a toujours attirée (oui, vous avez bien lu).

Je comprends pourquoi j'aime être proche de la mort… À cet instant, à la prononciation de ces mots, je comprends qui je suis.

À cet instant, je reçois la dernière clé qui fait sauter le dernier cadenas.

Cette révélation a été une évidence pour moi, nous sommes en 2017. Et en 2017 le monde commence à s'ouvrir à la spiritualité au grand jour. Ce qui rendra mes recherches bien plus aisées.

Après cette annonce, et le nettoyage qu'Anne Sophie viendra faire, elle repart à Marseille et me laisse seule face à tout cela. Je me sens seule face à un océan immense, sans savoir quoi faire ni où aller.

Les premiers jours, je suis très déstabilisée. Je dors avec la lumière allumée, je n'ose rester seule à la maison, j'ai peur de ce que nous avons vu et entendu durant le nettoyage. Tout cela est réel.

Après quelques jours à être déstabilisée par la peur, je décide de ne pas vivre dans la crainte et de reprendre le pouvoir sur ma vie afin de comprendre ce monde. J'ai décidé qu'il fallait que je me forme et que je comprenne tout ceci.

Je me suis mise à me documenter. J'ai eu une soif de connaissance sur le monde de la médiumnité et j'ai ouvert tous les livres que je pouvais lire. J'ai participé à de nombreuses formations. J'ai fouillé le web à la recherche du moindre article sur les passeurs d'âmes.

J'ai écouté des conférences et des podcasts à m'en rendre sourde.

Je me suis formée en autonomie, juste pour le plaisir de la connaissance. Juste pour le plaisir de comprendre, d'apprendre et de donner du sens à tout ce que j'avais vécu et subi depuis l'enfance.

Pendant ce moment de formation, je suis tombée « par hasard » sur Bérengère Musard, médium passeuse d'âmes, elle aussi.

Elle a été ma révélation, j'ai trouvé en elle mon mentor. J'ai acheté toutes ses formations ou presque, suivi à la lettre ses conseils, pratiqué ses exercices méticuleusement. Je me suis régalée d'apprendre avec elle. Tout était clair, tout était simple, tout était limpide. J'avais trouvé la personne qui, à travers sa médiumnité, me parlait de la mienne.

Ce processus d'apprentissage n'a duré que quelques mois puis l'univers m'a jetée dans le grand bain.

En mai 2018, je suis opérée d'une tumeur de l'oreille interne. Quatre heures de microchirurgie et une reconstruction tympanique en auto-greffe plus tard. Me voilà sortie avec des soins infirmiers à domicile.

L'infirmière qui me fait les soins me parle de sa formation reiki avec une thérapeute que je ne connais pas. Comme je suis sur un chemin d'apprentissage et d'évolution, je me dis que je pourrais terminer ma formation de reiki avec cette personne pour avoir mon niveau trois et ainsi boucler la boucle.

Je rencontre donc Mary Pijcke. Elle me forme au reiki et avec elle, pour la première fois, j'ose être moi-même et parler de mes ressentis.

Nous faisions une balade post prandiale lorsque nous passons devant une maison à laquelle Mary s'intéresse. En s'y attardant, je lui fais part du fait que l'ancien propriétaire, un vieux monsieur, est toujours dans le jardin à s'occuper de ses arbres, bien qu'il soit décédé.

Et tout s'est enchaîné…

Quelques semaines plus tard, Mary, avec qui je tissais des liens, me demande une consultation.

Cette demande m'a vraiment étonnée. Je ne m'y attendais pas.

Au fond de moi j'étais paniquée mais ma voix a pris le dessus et a accepté de donner cette consultation avec beaucoup de détermination. Rendez-vous pris, le temps de me concocter un petit espace de travail, je recevais Mary quelques jours plus tard.

C'était ma toute première consultation.

Après Mary, tout s'est enchaîné.

Les gens venaient naturellement vers moi pour me demander des consultations et je me suis posé la question d'ouvrir un cabinet.

Très vite la réponse a été évidente tant j'ai été sollicitée. Mon petit bureau au sein de ma maison n'était plus adapté.

Il m'a fallu trouver comment j'allais faire vivre cette passion qui m'animait pour la mettre au service des autres.

Mon cher mari m'a donc créé un vrai espace de consultation, créant pour de bon, mon espace de thérapeute. Mon endroit à moi.

Je me suis mise à chercher une identité, quelque chose qui représenterait ce que je suis.

Spontanément, « La voix de lumière » est venu à moi.

Cette « voix de lumière » faisait écho à la voix de mes guides que j'entends depuis ma plus tendre enfance.

Elle me permettait aussi d'utiliser ma voix pour transmettre la lumière, l'amour et l'espoir puisque le médium est le lien entre Ciel et Terre.

Si on m'avait donné cette mission d'être un intermédiaire, j'allais le faire et transmettre des messages de lumière via ma voix.

Ainsi depuis 2017, depuis que mon chemin s'est ouvert avec énormément de clarté, j'ai pu réintégrer toutes mes capacités vibratoires, énergétiques, spirituelles. La spiritualité s'est imposée à moi et je l'ai accueillie comme une des plus belles choses que l'univers m'ait donnés.

Animée par cette passion et cette envie d'aider, j'en ai fait mon métier.

Aujourd'hui c'est avec le plus grand bonheur que j'accompagne mes clients afin de les guider vers leur propre lumière, vers leurs propres ressources, vers leur propre amour. Comme une clé fondamentale à ce que nous sommes venus vivre lors de notre incarnation.

Aujourd'hui dans mes séances, j'aime à croire que je suis un petit plus, un petit déclic, un petit outil que mes clients peuvent utiliser pour avancer sur leurs problématiques et s'épanouir davantage sur leur chemin de vie.

Transmettre, à travers mon histoire, les enseignements spirituels est un des plus beaux cadeaux que j'ai à vous faire. C'est ainsi que, aujourd'hui, je vous retrouve noir sur blanc pour partager avec vous ce qui nourrit mon âme et qui, je l'espère, fera vibrer la vôtre.

Deuxième partie

L'UNIVERS ET SA MAGIE

Rentrons dans le vif du sujet. Dans cette deuxième partie, je souhaite vous éclairer sur le fonctionnement énergétique de l'univers pour mieux comprendre sa magie.

Ce sont des enseignements que j'ai intégrés au fur et à mesure de mes apprentissages, ce sont ceux que j'ai eu beaucoup de difficultés à trouver. J'ai glané les informations à gauche et à droite.

J'ai donc voulu vous proposer un condensé de mes connaissances pour que vous ayez un maximum d'informations pour comprendre les mondes vibratoires.

La spiritualité et l'énergétique ont grandement changé ma vie. Elles lui ont donné un sens, un sens profond, un sens qui permet de comprendre la vie même quand les choses semblent tourner du mauvais côté.

La première chose qui est venue à moi a été le passage d'âmes. C'est venu à moi comme une évidence.

Le passage d'âmes a été l'explication majeure de mon fonctionnement. Cela me permettait de comprendre tout ce que je pouvais vivre la nuit ou lorsque ma mère me disait : « Ce matin, ce n'est pas toi». Mais, avant de parler de passage d'âmes, il fallait que je comprenne mieux comment fonctionne le monde énergétique.

Chapitre 1

Concepts énergétiques

1. L'âme

Qui sommes-nous dans ce corps de chair ? Est-ce le corps qui prévaut sur l'essence énergétique ? Est-ce l'essence énergétique qui est notre identité ?

Allons explorer la question.

Tout commence par le fait de comprendre que nous sommes une âme qui a décidé de venir s'incarner dans un corps.

Une âme pourrait être assimilée à une boule d'énergie venant des plans de lumière qui comporte une certaine couleur en fonction de sa vibration.

Mon âme détient les secrets de mes incarnations, elle est la gardienne de mes savoirs, de mes expériences, de mes apprentissages, de mes lacunes.

Je suis cette puissance énergétique et vibratoire remplie d'amour divin.

L'âme est le siège de l'activité psychique et des états de conscience d'un individu. C'est le moi profond.

Je ne suis pas un corps qui a une âme mais bel et bien une âme incarnée dans un corps physique temporairement, le temps de l'incarnation terrestre.

L'âme, venant des plans de lumière, a une puissance énergétique illimitée.

Son potentiel énergétique ne comporte aucune limite, elle a des capacités infinies. L'âme peut toute chose lorsqu'elle se trouve sur les plans de lumière.

Lorsque l'âme va décider de venir s'incarner sur Terre, elle va devoir faire face à une limite, celle du corps physique et des plans matériels. Mon corps physique constitue ma première limite d'incarnation.

Mon âme est une vibration, mon âme est une énergie.

C'est un amas énergétique qui produit une énergie autonome qui se matérialise par la vibration.

L'âme est un champ énergétique, un champ électromagnétique.

Pour faire l'expérience de la vibration, je suis certaine qu'il vous est déjà arrivé de passer devant une radio et que votre position par rapport à la radio fasse grésiller le signal. C'est cela votre vibration. C'est ce champ entre vous et l'autre qui entre en interaction et produit un effet.

Votre âme produit un champ.

Votre âme produit un champ et elle est elle-même incarnée dans un monde qui n'est, lui aussi, que vibration.

2. La vibration et le champ

Comment la vibration de l'âme est-elle en lien avec l'univers ?

Nous venons de voir que l'âme est une énergie. Une énergie qui vibre dans un univers entier qui ne répond qu'à la loi de la vibration.

Tout ce qui baigne la création n'est qu'énergie.

Les entités énergétiques sont des énergies, mais la matière, elle-même, est une énergie.

En réalité, beaucoup de travaux de physiques quantiques ont démontré que la matière n'est qu'un amas de vibrations tellement condensées par l'incarnation terrestre que l'on arrive à objectiver cette vibration par la matière.

Ma chaise devient matière car ses particules sont tellement compactées que l'on arrive à pouvoir toucher cet amas de vibration qui crée la chaise.

Il est parfois difficile de se détacher de la matière. Nous sommes dans un monde de matière, un monde matériel, un monde d'incarnation physique et terrestre. Mais l'univers dans lequel nous sommes incarnés est bien un univers énergétique avant tout autre chose.

Saviez-vous que notre corps physique est composé de plus d'énergie que de matière ?

Chaque cellule de mon corps est composée à 0,001 % de matière et de 99,99 % de vide…

Nous verrons plus loin dans ce chapitre que le vide est en réalité notre champ énergétique.

Cette énergie, qui baigne la création, fait que chaque chose qui vit en ce monde émet une vibration. Et fait que chaque chose qui vit en ce monde peut capter les vibrations car sensible aux vibrations extérieures à elle.

J'aime beaucoup parler du théorème de la physique quantique de John Bell.

Il nous explique le phénomène scientifique de l'intrication quantique qui permet de comprendre comment est régi l'univers : chaque particule appelle à elle une particule de même nature.

« Il n'existe pas de système isolé ; chaque particule de l'univers est en liaison instantanée avec toutes les autres particules.

Tout le système, même si ses particules sont séparées par d'énormes distances, fonctionne comme un système unifié. »

Voilà une jolie explication scientifique pour faire comprendre que l'univers tout entier est interconnecté grâce à la vibration.

J'aime l'expliquer en prenant l'exemple de la toile d'araignée. Imaginez un moustique ou une mouche qui se pose sur une toile d'araignée. L'araignée tranquillement posée sur la toile va recevoir immédiatement le signal que quelque chose s'est pris dans sa son piège. Car le petit moustique en se posant dessus a émis une vibration et cette vibration est allée prévenir l'araignée, lui donnant le signal que son repas est arrivé.

C'est cela le champ. Nous sommes tous posés sur une immense toile d'araignée et nos vibrations sont toutes interconnectées les unes aux autres.

Que je sois à cinq mètres ou à mille kilomètres, je suis interconnecté avec tous les règnes qui forment notre monde.

Je suis par conséquent connecté en permanence à l'ensemble des humains qui vivent en ce monde, mais aussi à chaque animal, à chaque minéral, chaque végétal !…

Le cosmos nous relie tous les uns aux autres, L'espace entre moi et mon voisin n'est donc pas vide, il est rempli de nos vibrations respectives qui nous relient l'un à l'autre.

À ce sujet, je vous invite à lire Greg Braden, Dans son merveilleux livre « Les secrets de l'art perdu de la prière ». Il y expose le principe de champ qui baigne toute la création connectant les êtres vivants entre eux.

Je suis donc un être vibratoire qui émet des vibrations, incarné dans un monde où le vide n'existe pas et dans lequel je suis reliée en permanence par la vibration à chaque être vivant.

3. L'unité

Si je vis dans un univers qui est en interrelation, ma connexion à toutes les énergies ne me permet-elle pas d'expérimenter le concept d'unité ?

L'âme naît de l'univers. En ce sens elle est un fragment d'univers.

L'âme est une énergie qui vit et vibre dans l'univers.

L'âme de chacun d'entre nous est connectée à la source, à l'univers, à Dieu. Appelons cela comme nous le souhaitons, en fonction de nos croyances.

L'âme est donc une énergie en lien avec l'énergie de l'univers.

L'âme, à l'image de l'univers, ne connaît qu'une seule vibration : celle de l'Amour infini, celle de la paix et de la bienveillance.

Poussons le concept d'unité encore un peu plus loin.

L'univers ne connaissant qu'une seule vibration, celle de l'Amour, notre âme étant un fragment de l'univers, alors, nous, travailleurs énergétiques, aimons croire que nous ne formons qu'une seule et même chose.

Si nous sommes tous reliés les uns aux autres par la vibration, le concept d'unité prend tout son sens.

À l'image de l'océan qui est formé de milliards de gouttelettes d'eau, ces gouttelettes étant des particules de l'océan, individuellement elles parlent de l'océan, elles viennent du même berceau, elles ont la même vibration, la même mission.

Individuellement elles sont gouttelettes indépendantes, libres, autonomes. Mais ensemble, elles s'assemblent, s'unissent pour former le grand tout de l'océan.

Voyez l'univers comme un énorme océan et chaque individu comme une gouttelette d'eau et vous comprendrez en ce sens que nous ne faisons qu'un. Nous ne sommes qu'une seule et même énergie d'amour.

Cela veut dire que lorsque je suis dans une vibration de colère et que je la transmets à l'autre, l'autre aussi devient vibration de colère s'il se laisse impacter par mon énergie.

Ainsi, dans l'unité, je suis l'autre. Et l'autre est moi.

Ce concept sera fondamental pour intégrer la notion de miroir que nous aborderons plus tard dans la lecture.

Nos sociétés occidentales portées par une culture judéo-chrétienne distinguent le bien d'un côté et le mal de l'autre. Nous polarisons les expériences entre deux notions : bien ou mal.

L'univers, lui, ne connaît qu'une seule vibration, celle de l'Amour. Il ne juge pas et ne polarise pas les expériences.

La notion de bien et de mal n'est qu'une construction de nos sociétés qui ont eu besoin à un certain moment de classer les choses, pour les catégoriser et avoir une forme de règle, de loi.

Schématiquement, on a inculqué : aimer c'est bien, tuer c'est mal.

Or, le concept énergétique prétend qu'il n'existe qu'une seule et unique vibration d'Amour infini.

Ainsi, ce que l'on retrouve déjà dans l'univers c'est la notion d'Amour et de non-jugement. Tout n'est qu'Amour et expérimentation.

Dans ce grand concept d'unité qui nous dit que nous sommes tous une seule et unique énergie d'Amour, il est de mon devoir de vous parler également de la notion d'espace-temps.

4. L'espace-temps

Comment l'espace et le temps sont-ils définis en énergétique ?

En énergétique, nous aimons penser à ce concept d'unité. Il rassemble, il me responsabilise, il est un outil précieux pour fédérer et aimer.

Le concept de l'espace-temps est tout aussi intéressant dans cette notion d'unité.

Puisque nous ne sommes qu'un, alors l'espace n'existe pas.

Je suis moi, mais je suis en même temps chacun d'entre nous qui est incarné grâce à cette notion de champ, de toile.

En ce sens, l'espace entre toi et moi n'existe pas, puisque je suis toi et tu es moi.

La toile baigne toute la création et relie chaque âme, chaque vibration entre elles. Ainsi l'espace entre toi et moi n'existe pas puisqu'il est rempli d'énergie, il est la toile.

Je me souviens avoir expérimenté pour la première fois la notion de « non-espace » lors de mon premier niveau de Reiki.

Nous devions réaliser un soin à distance pendant la journée de formation. C'était une première pour moi, et j'ai choisi de donner un soin à ma mère avec son consentement. Elle était à plus de cinquante kilomètres de moi mais pendant le temps du soin, je la voyais allongée sur son transat dans le jardin, comme si j'étais là, j'étais auprès d'elle.

Le soin a duré vraiment longtemps parce que j'étais totalement concentrée, totalement connectée et ce que j'expérimentais était dingue. Quand je suis revenue à moi, la formatrice et les autres élèves attendaient patiemment que je termine depuis de longues minutes. Ma formatrice à l'époque m'avait dit « tu dois avoir une prédisposition pour travailler à distance ». Quelques années plus tard, j'ai pu effectivement confirmer que cela était vrai.

À l'époque, je n'avais pas trop saisi ce qu'il s'étati passé mais plus tard j'ai compris que ce jour-là, j'avais intégré la notion d'unité.

Ce qui m'a permis par la suite de travailler sans aucune difficulté malgré les distances physiques.

Pour le concept du temps, cela sera peut-être plus difficile à appréhender pour votre mental.

Le temps n'existe pas.

Le concept du temps qui n'existe pas, nous dit que chaque chose se déroule en même temps, sur la même notion temporelle. Il n'y a pas de passé, pas de futur. Que le présent.

C'est un peu comme si vous dérouliez plusieurs frises chronologiques qui correspondent à différentes vies vécues simultanément et non pas chronologiquement.

Ainsi, mes vies antérieures ne sont en réalité que des vies parallèles.

Je vis cette vie-ci sur cette frise liée à cette identité, mais en parallèle, mon âme vit d'autres identités qui se déroulent sur d'autres frises chronologiques.

D'un point de vue énergétique, le temps matériel n'existe pas.

Cela explique pourquoi je peux continuer à vivre un traumatisme que j'ai vécu à 4 ans comme un traumatisme vécu en « l'an 1516 »

Il vit encore en moi car mon âme le vit en simultané.

Le temps n'est qu'un concept inventé par le mental humain qui a eu besoin de cadrer l'existence terrestre d'un point de vue calendaire et temporel.

Lorsque l'on dit qu'un passage d'âmes se fait en 2 minutes ou que l'âme met 3 semaines à rejoindre la lumière, il s'agit bel et bien de la temporalité terrestre inventée pour régir nos temps terrestres. Mais dans l'énergie le concept de temps n'existe pas.

J'ai choisi de m'incarner pour expérimenter l'évolution dans un univers énergétique où le maître-mot qui résonne est celui de vibration bien que nos yeux physiques voient en priorité la matière de cet univers.

5. La fréquence vibratoire

Comment expérimenter le concept de la fréquence vibratoire pour la comprendre et l'intégrer ?

Il est fondamental d'intégrer le fait que la vibration dont nous parlons depuis le début de ce chapitre est bien une énergie qui émane de chacun d'entre nous.

Nous vibrons tous de l'intérieur vers l'extérieur. De l'âme vers le monde.

Et cette règle est valable pour toutes les énergies qui composent notre univers.

Ainsi, il convient également de comprendre que la vibration porte une fréquence.

Les vibrations de l'univers ne sont pas toutes les mêmes et ne sont pas toutes au même niveau.

Elles peuvent être élevées, intermédiaires, basses en fonction de qui je suis, de mon état émotionnel ou de mon incarnation.

La vibration des plans de lumière est une vibration de haute fréquence.

Toutes les âmes lumineuses qui sont sur les plans de lumière ont une vibration très haute : défunts lumineux, anges, archanges, guides, maîtres ascensionnés. Ce qui rend les contacts avec eux très agréables, bienveillants et chaleureux.

Sur les plans terrestres, la vibration est relativement moyenne.

Les âmes qui s'incarnent ralentissent leur vibration pour pouvoir venir s'incarner sur Terre et ainsi, elles harmonisent leurs vibrations avec celle de la Terre.

Sur Terre, on a une grande variété de niveaux vibratoires.

Certaines âmes ont une vibration très basse et lourde, pensées négatives, dépendances, victimisation.

D'autres vont avoir une vibration moyenne. Responsabilisation et réflexion les aideront.

Et d'autres auront une vibration élevée. Méditation, résilience, acceptation, pensées positives les aident à cultiver ces énergies de hautes fréquences qui rendent l'incarnation plus douce.

Mais même en faisant le maximum pour élever nos taux vibratoires, nous ne pourrons atteindre la fréquence et le taux vibratoire des plans de lumière qu'une fois que nous y serons retournés.

Vous pouvez également rencontrer des énergies très lourdes.

En général, les entités qui portent une énergie lourde sont des âmes errantes.

On les retrouve sur le plan intermédiaire, que certains appellent le bas astral. Moi j'ai choisi d'employer le mot « plan intermédiaire » qui est beaucoup plus neutre et qui sera bien plus facile à employer pour éviter d'avoir peur des puissances énergétiques que l'on trouve sur ces plans-là. Le mot « bas astral » est trop connoté négativement pour pouvoir faire du passage d'âmes une pratique douce et lumineuse.

Les âmes qui se trouvent sur les plans intermédiaires sont toujours dans des énergies de tristesse, rancœur, colère, vengeance, peurs… Ainsi, leur niveau vibratoire est très bas ce qui rend leur présence très peu agréable.

La vibration porte donc une énergie qui lui est propre. Comme une sorte d'identité colorée qui nous indique si l'énergie ressentie est élevée ou basse.

Rentrer en relation avec une autre vibration que la sienne peut être agréable ou non en fonction de son niveau vibratoire et les sensations corporelles que je vais ressentir seront très intéressantes à prendre en compte. Elles me permettront de comprendre avec quel type de fréquence je me trouve.

Le concept de vibration et de fréquence vibratoire s'explique très bien lorsque l'on joue avec la vibration.

Avez-vous déjà observé les tambours sur lesquels on dépose des grains ou des billes ? Lorsque l'on percute le tambour avec une certaine cadence, une forme va petit à petit se dessiner sur la peau du tambour permettant d'observer un joli dessin qui se crée.

Le dessin sera toujours différent en fonction de la percussion qui sera faite.

Si je percute le tambour avec une vibration forte, la fréquence vibratoire dessinera un dessin en relation avec l'intensité de la percussion.

Il y a quelques jours, alors que je faisais une séance de conscience de soi avec un de mes fils, nous avons eu la possibilité de se faire un câlin avec la vibration des bols chantants de mon amie Caroline, spécialiste des méditations sonores, des soins reiki et de l'accompagnement émotionnel des enfants.

Caroline a proposé à mon fils d'expérimenter la vibration. Elle lui a donné un bol, lui a donné la mailloche, et lui a demandé de percuter le bol pour créer un son. Il a percuté le bol et a perçu la vibration que le bol faisait sur lui, dans sa main mais aussi autour du bol.

Puis, à mon tour, j'ai eu le bol en main pour le frapper et créer une vibration.

Mon petit loulou a spontanément rapproché ses mains le plus près possible du bol, sans le toucher, pour sentir le vide qui bougeait. Il s'agissait de la vibration dans le champ.

Expérimentez-le par vous-même. Prenez un bol chantant ou un objet capable de créer une vibration comme un instrument de musique par exemple. Frappez le pour créer une vibration et approchez vos mains de l'objet le plus proche possible, sans le toucher. Vous verrez que vos mains ressentiront l'énergie de vibration autour de l'objet sans même le toucher.

Exercice parfait pour expérimenter la vibration.

Petit aparté, concernant le niveau vibratoire.

Le niveau vibratoire est mouvant, il n'est pas constant et peut évoluer au fil de la journée, au fil des mois.

Je peux me lever de bonne humeur avec une excellente vibration, mon aura sera teintée d'une couleur chatoyante. Puis il suffit qu'une mauvaise nouvelle m'arrive et me touche profondément pour voir ma vibration baisser et se ternir.

Lorsque l'on traverse un moment de vie éprouvant, notre vibration est impactée. Elle sera diminuée lorsque vous ressortirez de ce moment de vie et dès que vous serez aligné avec vous-même, votre vibration augmentera pour trouver une fréquence plus élevée.

Vous avez le pouvoir de changer votre vibration par la qualité de vos pensées, par vos actes, par votre capacité à faire confiance, à rebondir, à faire preuve de résilience, à se remettre en question, et aussi à aimer, chanter, danser la vie.

Nous avons donc vu que nous sommes une âme qui vibre en émettant et recevant des informations énergétiques. Nous avons posé les bases des concepts énergétiques.

Je vous propose maintenant d'approfondir le concept de l'âme et d'aller décortiquer en profondeur les différentes couches que l'on peut trouver au sein de l'âme.

6. L'aura

Qu'est-ce que l'aura ?

Mon âme est une boule énergétique qui contient une vibration. Mais si nous décortiquons encore plus en profondeur, nous pouvons comprendre que l'âme c'est aussi une aura et des corps énergétiques.

Qu'est-ce que donc que ce fameux concept d'aura ?
J'aime définir l'aura comme mon espace personnel, comme mon énergie rayonnante autour de moi.

Mon aura c'est l'énergie qu'émet mon âme et le rayonnement qu'elle produit à l'extérieur du corps physique.
L'aura est un halo de lumière qui entoure mon corps physique.

Mon aura est donc une sorte de grosse bulle d'énergie qui contient les vibrations de mon âme.
Elle est tout autour de moi sur plus ou moins cinquante à soixante centimètres de diamètre.
Mon aura porte mon identité. Elle peut être colorée en fonction de l'énergie que j'émets dans l'instant présent. Si je suis en colère, mon aura peut-être rouge ; si je suis en processus de guérison, mon aura peut-être verte.

L'aura peut être facilement perméable pour les personnes faisant preuve de peu de respect pour elles-mêmes et qui se laissent facilement parasiter ou qui laissent entrer n'importe qui en laissant faire n'importe quoi dans leur espace personnel.
Pour vous aider à conceptualiser la notion d'aura, prenons un exemple que vous avez déjà tous vécu.

Vous êtes en train de faire la queue dans une file d'attente. Vous vous tenez suffisamment à distance de la personne devant vous car vous avez besoin de ne pas fusionner avec l'autre personne dans ses énergies.

C'est ce que font la plupart des gens et cela correspond à la distanciation sociale, non pas au sens sanitaire que l'on connaît tous, mais au sens culturel.

C'est une marque de respect personnel mais aussi de respect de l'autre que de se tenir à une certaine distance de lui pour ne pas pénétrer son intimité. C'est une distance de sécurité.

Revenons à notre exemple. Vous êtes dans cette file et une personne arrive derrière vous et se place « trop proche » de vous.

Vous allez sentir son aura rentrer en contact avec votre propre aura. Cette différence entre la vibration de la personne que vous ressentez et votre propre vibration va créer pour vous une dissonance énergétique. Vous allez avancer de quelques centimètres pour dégager votre aura de la sienne. Mais en général dans ce genre de situation, automatiquement, si vous avancez, l'autre personne avance…

Ce qui est très rigolo à souligner, c'est que lorsque j'ai écrit cet exemple dans le livre, l'après -midi qui a suivi, j'ai dû me rendre à la pharmacie. J'ai donc attendu dans la file d'attente que ce soit mon tour au comptoir et au bout de 30 secondes dans la file, je me sens oppressée. Je me retourne et je me rends compte qu'une personne se tient si près de moi que lorsque je me retourne, je lui donne un léger coup avec la capuche de mon manteau.

La personne très mal à l'aise s'est excusée d'avoir été si proche de moi. Et instinctivement, j'ai avancé pour m'en dégager. Et elle, elle s'est reculée, faisant également reculer toutes les autres personnes derrière elle.

J'aime beaucoup quand les guides nous permettent de vivre des mises en pratique dans la matière.

Ce phénomène peut aussi se produire dans le bus, dans le train, dans l'avion où, inévitablement, nous sommes assis tellement proches des autres personnes que nos auras se touchent, se connectent. Et si la personne ne vibre pas de la même manière que nous, nous sentirons une gêne d'être à coté de cette personne. Ou bien au contraire, certaines personnes vont être tellement haute en vibration que nous serons comme apaisés par l'énergie que porte l'autre et transmet via son aura.

Cela me fait penser à mon magnétiseur. Son aura est tellement grande que lorsque l'on patiente plusieurs heures dans la salle d'attente, nous sommes calmes, apaisés presque même endormis tellement son aura est immense et baigne tout son bâtiment et amène un sentiment de réconfort.

Avec cette notion d'aura intervient inévitablement la notion de protection.

Qui laissez-vous entrer dans votre jardin secret ? Qui sont les personnes que vous admettez pouvoir franchir la barrière de votre aura ? Quel consentement donnez-vous lorsque quelqu'un entre dans votre intimité ?

Être dans l'aura d'une autre personne doit toujours se faire sur base du consentement.

Admettons, vous voulez faire un bisou à votre enfant mais il vous dit « non ». C'est à vous de respecter son choix et de ne pas forcer le passage pour entrer dans son aura.

Si nous faisons un bisou malgré le refus, alors la personne concernée aura tendance à sentir cela comme une agression, comme une intrusion et comme un non-respect de son être.

Cela est évident pour les enfants. Mais cela l'est aussi si quelqu'un veut pénétrer notre aura, il doit toujours avoir notre consentement. Sinon il s'agit d'une intrusion non consentie.

Sous aucun prétexte quelqu'un ne devrait entrer dans notre aura sans autorisation.

À nous d'apprendre à poser nos limites et nous respecter. Si notre cœur nous dit « non » alors sachons également dire « non » avec la voix.

Dernièrement, une cliente m'exposait le fait qu'une personne de son club de couture s'était permise de lui faire un soin à distance car elle ne l'avait pas sentie bien.

Ma cliente lorsqu'elle a appris cela s'est sentie salie, souillée, presque violée.

Le mot est fort et pourtant il s'agit bien d'un viol énergétique.

On ne peut jamais entrer dans l'aura d'une personne sans lui demander son autorisation.

Si nous le faisons malgré tout, cela s'appelle une intrusion.

Agir contre la volonté de quelqu'un ou sans son contentement est quelque chose à bannir de toute urgence et encore plus en énergétique. C'est une des plus grandes règles de l'énergétique, ne jamais agir sans le consentement de la personne.

7. Les corps énergétiques

Et si l'aura était composée elle-même de différentes parties ?

Si l'on décomposait l'aura, on se rendrait compte qu'elle est constituée de 7 corps énergétiques.

7 corps subtils qui sont imbriqués et se chevauchent les uns dans les autres.

Plus précisément et dans l'ordre du plus dense au plus subtil :

1. *Le Corps Physique* contient le corps éthérique,
2. *Le Corps Éthérique* déborde du corps physique et interpénètre le corps astral,
3. *Le Corps Astral* interpénètre le corps mental,
4. *Le Corps Mental* interpénètre le corps causal,

5. *Le Corps Causal* interpénètre le corps bouddhique,
6. *Le Corps Bouddhique* interpénètre le corps atmique,
7. *Le Corps Atmique ou divin.*

Chaque corps vibre à sa propre fréquence, le corps physique étant celui qui possède les vibrations les plus basses. Étant le corps d'incarnation il se doit d'être proche de la vibration terrestre.

Plus les corps sont éloignés du corps physique et plus leurs vibrations sont hautes.

Ces 7 corps qui s'interpénètrent peuvent nous faire penser aux poupées russes.

Les 4 premiers corps sont des corps inhérents à l'incarnation. Ce sont des corps que l'âme acquiert lors de l'incarnation et qu'elle laissera sur terre lorsqu'elle la quittera.

Les 3 derniers sont des corps propres à l'âme, elle ne les quitte jamais. En ce sens on peut dire qu'ils sont son essence divine.

Et comme nous sommes dans un système énergétique poussé, nous pouvons décortiquer encore plus loin ce système énergétique via la notion des chakras.

8. Les chakras

Comment nos chakras fonctionnent-ils et quel est l'intérêt de cette structure énergétique ?

En plus de tout ce système énergétique, nous avons également une ligne énergétique très importante qui est constituée de nos chakras.

Nos chakras sont des centres énergétiques qui distribuent l'énergie vitale dans tout le corps.

Ce sont des roues énergétiques qui permettent de laisser circuler l'énergie de vie et l'alignement de cette ligne forme la kundalini.

La kundalini, ou serpent de feu, ou encore énergie vitale, est une énergie spirituelle, cosmique ou vitale, qui est enroulée trois fois à l'intérieur d'un triangle qui se trouve à la base de la colonne vertébrale, au niveau du périnée.

Cette énergie de vie s'active chez les personnes qui s'éveillent à la spiritualité.

À ce sujet, il y a quelques temps, j'ai proposé un satsang spécial ancrage où une visualisation du chakra racine était proposée. Les Satsangs sont des soirées d'échanges autour de la spiritualité avec un thème donné.

Mon fils aîné participait à ce satsang avec le groupe. À la fin des satsangs, j'offre toujours un moment de partage et d'échange qui permet de verbaliser les ressentis et sensations.

Lorsque l'exercice fut terminé, mon fils a pris la parole et a évoqué le fait qu'il a senti son chakra racine prendre sa place et qu'ensuite il a senti un courant de chaleur monter du bas de la colonne vertébrale jusqu'à la tête, puis redescendre et remonter.

Ce petit ascenseur d'énergie a duré quelques minutes et lui a laissé un doux sentiment réconfortant. Il venait de vivre ce jour-là l'éveil de sa kundalini, j'en étais bluffée.

Les chakras permettent donc de mettre en lien tout le corps dans sa structure physique et énergétique.

Chaque chakra joue un rôle sur le plan physique, énergétique, émotif et relationnel.

Nos chakras sont disposés sur le corps, en dessous et au-dessus.

Il y a des chakras primaires, secondaires, tertiaires.

Chaque chakra est en relation avec un organe, une glande endocrine et donc une hormone, une fonction de l'organisme, une cellule.

Les glandes endocrines déversent des hormones dans le sang et ont un impact sur l'émotion et l'état psychologique de l'individu.

C'est un réseau énergétique interdépendant dont le centre sont les chakras primaires.

Les chakras primaires renvoient aux chakras secondaires via les organes et les glandes qui renvoient eux-mêmes aux chakras tertiaires via les cellules.

C'est un peu comme notre système urbain : il y a les grandes villes reliées par les autoroutes aux villes de taille moyenne qui sont elles-mêmes reliées par des nationales aux petites villes de campagne qui sont reliées par des départementales aux villages et hameaux.

Il y a sept chakras majeurs. Nous découpons les sept chakras en deux groupes en fonction des croyances. Ici j'ai choisi de vous présenter le système que j'utilise le plus qui place les chakras de matière ensemble, le chakra cœur comme un pivot et ensuite les chakras spirituels forment le deuxième groupe. Nous allons faire une petite présentation de chaque chakra afin que vous puissiez vous familiariser avec eux et leurs différentes capacités.

Focalisons notre regard sur les chakras de matière :

Chakra racine (Muladhara) : Survie, fondation, prospérité, sécurité, appartenance, identité.

C'est le chakra de l'incarnation et de l'ancrage par excellence. Il est lié à notre dimension physique, à la Terre. C'est celui qui nous donne notre énergie vitale.

Le premier chakra de la ligne, il est la base, se situe juste en dessous du périnée et porte la couleur rouge.

Il est souvent appelé la porte des morts, c'est le chakra de l'entrée de la vie et de la mort qui nous attache à la Terre ou nous en coupe.

Dans certaines cultures, il est considéré comme un chakra de mort ; lorsqu'il n'existe plus, il n'y a plus d'existence terrestre.

C'est un chakra avec lequel, nous, occidentaux, avons de la difficulté. Nous avons la volonté d'échapper à la matérialité tout en étant matérialiste.

Il faut réaffirmer régulièrement notre volonté et le plaisir d'incarnation.

Chakra sacré (Swadisthana) : Sa propre demeure, santé physique et sexuelle, créativité.

C'est le chakra qui gère la force créatrice, notre capacité à créer.

Ce chakra se situe à mi-chemin entre la symphyse pubienne et l'ombilic et il est de couleur orange.

Il transforme les énergies vitales du chakra sacré en énergies créatrices.

Il gère notre vitalité, notre capacité de mouvement, notre équilibre et notre sexualité.

C'est un chakra important lorsque l'on veut appliquer la loi d'attraction car il est l'espace émotionnel.

Chakra du plexus solaire (Manipura chakra) : la volonté, les émotions, l'affirmation de soi, les peurs, le pouvoir personnel et la puissance.

Ce chakra est associé à l'expression de la volonté personnelle, au pouvoir, à la responsabilité, à l'intellect. La fonction principale du chakra du plexus solaire est de fournir l'énergie pour avancer et réaliser les désirs et les intentions. Il gère les émotions non élaborées.

Ce chakra de couleur jaune, se situe à mi-chemin entre l'ombilic et le sternum.

Le chakra pivot qui fait la jonction entre les chakras matière et les chakras spirituels, celui qui intègre les énergies de matière pour les transmuter dans l'énergétique :

Chakra du cœur (Anâhata-chakra) : le chakra de l'amour

Le chakra cœur gère les énergies émotionnelles élaborées : l'amour, la compassion, l'altruisme, les sentiments humanitaires.

Il parle de ma capacité à aimer, ma capacité de pardon, de compassion, d'empathie, d'acceptation, de deuil.

Le chakra du cœur concerne la connexion à l'autre, mes relations et le fait de se lier aux autres.

Une autre fonction de ce chakra est de faire le lien entre les chakras inférieurs et les chakras supérieurs.

Le chakra cœur se trouve au milieu du sternum et porte la couleur verte.

Puis nous trouverons les 3 chakras spirituels :

Chakra de la gorge (Vishudda) : l'expression, la communication.

Ce chakra gère tout ce qui touche à l'expression de soi, la réceptivité, la créativité.

C'est le centre de la communication, de l'expression mais aussi du jugement.

C'est un chakra qui en général est bien encombré dans la mesure où il gère l'expression émotionnelle

Ce chakra se trouve à la base du cou et porte la couleur bleue.

Chakra du front (Ajna) : la clairvoyance, l'intuition.

Avec ce chakra, nous sommes sur le siège de la clairvoyance et l'intuition, il est le centre de l'imaginaire.

Le chakra du troisième œil permet la fluidité au niveau de la réception de l'énergie, il nous permet de traduire ce que l'on reçoit comme information énergétique. Il nous permet de voir au-delà des apparences.

Ce chakra est sensible au stress, aux angoisses, à la culpabilité, à la mauvaise estime de soi.

Vous pouvez ressentir ce chakra s'activer en soirée, il se trouve au milieu du front et porte la couleur indigo.

Chakra de la couronne (Sahasrara) : la pensée, la spiritualité.

Le chakra coronal est la porte des cieux qui ouvre sur la divinité.

Il correspond à la conscience supérieure, il nous parle de notre spiritualité.

C'est par lui qu'arrivent toutes les informations énergétiques.

Si ce chakra ne tourne pas, nous sommes spirituellement mort, il est notre connexion à l'univers.

Ce chakra ne s'encombre jamais, il est sur le sommet du crâne et est de couleur violette.

Les chakras primaires diffusent leur énergie à travers les réseaux énergétiques dans le corps et passent via les chakras secondaires.

Les chakras secondaires sont le croisement des énergies émises par les 7 principaux qui sont dispersés partout à travers le corps pour y faire circuler l'énergie.

Nous avons de nombreux chakras secondaires.

Sur les oreilles, sur la bouche, sur les doigts, sur les mains, sur les genoux, les coudes ou encore les pieds.

Les chakras tertiaires sont extrêmement nombreux, à l'image du nombre de cellules présentes dans le corps humain. Les chakras tertiaires correspondent aux chakras cellulaires.

Les chakras se nettoient tous les jours selon un rythme particulier en fonction des organes auxquels ils sont associés.

À moins que vous ne soyez fortement encombré, vos chakras n'ont pas besoin d'être nettoyés.

Mais si vous sentez un blocage dans votre énergie, dans votre sexualité, dans votre communication, dans votre capacité de pardon, alors il peut être très intéressant de se pencher sur vos chakras pour s'assurer qu'ils ne sont pas encombrés et pratiquer un nettoyage énergétique afin de les libérer de ce qui les encombre.

Certaines musiques avec une fréquence vibratoire particulière peuvent être trouvées sur internet et utilisées pour vous aider à nettoyer vos chakras.

Avant de débuter la lecture de ce livre, auriez-vous imaginé que votre structure énergétique était aussi dense que cela ?

Je trouve toujours cela fascinant de prendre conscience qu'au-delà d'un corps très bien pensé, l'univers nous a doté d'une âme incroyablement façonnée elle aussi. Quelle ingéniosité !

Si vous n'aviez pas conscience de tout ceci jusqu'à présent, j'espère que la lecture de ces pages vous permettra de conscientiser que votre âme est tellement plus que vous ne le croyez.

Parfois le mental peut aussi être mis à mal à la lecture de ces concepts pour le moins perturbants.

Alors si c'est le cas, respirez profondément quelques minutes, buvez un verre d'eau en conscience ou allez prendre l'air.

Et maintenant, me direz-vous, à quoi sert le corps dans tout ce système énergétique ?

Le corps nous servira principalement comme un moyen, une antenne, un outil pour ressentir les énergies afin de comprendre via ce biais les messages que l'univers nous transmet.

Chapitre 2

L'âme, un relais entre Ciel et Terre

1. Mon corps est mon antenne

En quoi notre âme sert-elle de relais entre le ciel et la Terre ?

La première chose à intégrer avant de poursuivre c'est de valider votre potentiel énergétique.

Vous êtes une âme, vous êtes une énergie illimitée incarnée dans un corps limité. Donc chacun d'entre nous a ce potentiel de pouvoir se connecter au monde vibratoire.

Pendant de très nombreuses années, les personnes qui avaient des capacités énergétiques les ont protégées en arguant que la médiumnité était un DON .

Or, la médiumnité, la capacité à ressentir les énergies, à recevoir des messages, ce n'est pas un don. C'est une faculté que chaque âme porte en elle par son essence vibratoire.

La nature de l'âme, fait que, naturellement, chacun d'entre nous est capable de ressentir les énergies, les vibrations. C'est un fait. Il s'agit donc d'une capacité énergétique commune à tous mais qui nécessite beaucoup de travail pour pouvoir l'ouvrir convenablement.

Aujourd'hui, ressentir les énergies est devenu accessible. C'est de moins en moins un sujet tabou. C'est la raison pour laquelle de plus en plus de personnes s'ouvrent et acceptent de les ressentir.

Il ne faut pas oublier que dans notre passé terrestre, il y a à peine quelques siècles de cela, nos sœurs étaient brûlées vives ou noyées pour leurs capacités.

Voir, entendre, ressentir était synonyme de pouvoir. Seuls les riches, ou le clergé, pouvaient admettre cette capacité sans craindre d'être brûlés sur le bûcher.

C'est pourquoi, petit à petit, au fur et à mesure que les siècles passèrent, nos ancêtres ont progressivement admis voir, entendre, ressentir. On parlait d'un don pour que ces pratiques restent le plus secrètes possible, qu'elles restent réservées aux initiés et que l'on ne partage pas les secrets pour éviter d'éveiller la population.

Dans la constitution française, il est encore écrit aujourd'hui que les sciences occultes (oui c'est comme cela qu'on les appelle) ou que les pratiques thérapeutiques qui ne relèvent pas de la médecine sont interdites.

Nos ancêtres rebouteux dans les campagnes, faisaient donc cela à couvert. Et il fallait garder cette idée que l'on détient un don précieux, inaccessible au commun des mortels pour éviter d'être trop visible.

Petit à petit dans les années 1970, les consciences se sont éveillées à d'autres paradigmes, à d'autres manières de voir le monde et de l'appréhender.

Dans les années 2014 à 2017, l'élévation du taux vibratoire a fait qu'il y a eu une émergence d'éveils et de prises de conscience qui a rendu la spiritualité accessible à un très large public.

Pour exploser ces derniers mois.

La spiritualité est devenue un outil que l'on utilise volontiers pour pallier à un mal être, pour trouver des réponses et espérer trouver une façon de se libérer de nos souffrances physiques et émotionnelles.

Là où dans les années 1990, il fallait des années pour s'éveiller, en 2016 quelques mois suffisaient grâce à l'élévation de la fréquence vibratoire terrestre.

C'est une des raisons principales qui fait qu'aujourd'hui, de plus en plus de personnes sont connectées aux vibrations, qu'elles ressentent les énergies et qu'elles éprouvent même un soulagement et un épanouissement à se reconnecter à l'essence profonde de l'âme, celle d'être un être vibratoire.

Tout le monde peut ouvrir sa coupe de réception pour recevoir des informations énergétiques, mais tout le monde ne le veut pas.

En fonction de la conscience que l'on mettra dessus ou non, en fonction aussi de notre chemin d'incarnation, de notre mission d'âme, nous aurons la possibilité d'ouvrir nos canaux médiumniques afin de recevoir les informations.

J'aime dire que le corps humain est la principale antenne des vivants.

Nous naissons tous avec une antenne de réception. C'est à dire un corps physique qui va nous permettre de nous connecter aux vibrations et de comprendre les messages qu'elles contiennent.

Notre corps nous donne constamment un tas d'indications sur les énergies environnantes. Et l'humain étant très connecté à sa valeur terrestre, à son corps, il va être plus facilement attentif aux messages que son corps lui envoie.

Le corps ne nous trompe jamais.

C'est mon antenne qui va faire le lien entre l'information énergétique qui me parvient par une vibration, qui va être captée par le corps, l'antenne, et qui va retranscrire ce qu'elle a perçu via les canaux médiumniques.

2. Les canaux médiumniques

Comment mon âme reçoit-elle les messages ?

Les informations médiumniques nous arrivent par différents canaux qui sont comme nos chaînes de télé. Elles captent toutes la même information mais ne la relaient pas de la même manière.

Chaque canal a sa spécificité. Chaque canal fonctionne avec ses codes et va aiguiller la personne vers la compréhension du message.

Lorsque l'on reçoit un message énergétique, il faut se rappeler que les guides ne nous parlent pas vraiment, ils ne nous envoient pas de phrases construites.

En réalité, la vibration que vous captez n'est qu'un influx énergétique qui contient un message.

Comme dans le système nerveux central, mon cerveau va envoyer un influx nerveux qui contient un message, en l'occurrence un ordre, vers le système nerveux périphérique qui va commander aux nerfs d'effectuer un mouvement.

Le principe est le même.

L'énergie que je ressens porte une vibration. Cette vibration a un sens, elle contient une information énergétique, un message. Ce message va passer par mes canaux médiumniques pour être traduit afin que je comprenne le sens de ceci.

Ainsi, quand je dis, « je vois », en réalité je reçois une information énergétique qui passe par mon canal visuel et que je traduis grâce à la clairvoyance.

Lorsque je dis, j'entends, en réalité, je reçois une information énergétique qui passe par mon canal auditif et que je traduis grâce à la clair audience.

Et ainsi de suite pour les 4 grands canaux de réception qui sont : Clairvoyance, clairaudience, clairressenti, clairconnaissance.

La clairvoyance est la capacité de recevoir/ traduire l'information énergétique via le troisième œil, via le canal visuel.

Ainsi, je vais recevoir des images sous forme de flash ou de films, je vais recevoir des couleurs, des mots écrits sur mon écran mental ou voir des choses concrètes dans la matière comme des ombres noires au coin de l'œil ou des halos lumineux.

La clairaudience est la capacité à recevoir / traduire, l'information énergétique via le canal auditif.

Je perçois des sons externes, j'entends que l'on m'appelle par mon prénom. Je peux aussi entendre des sons internes comme des tintements de clochette, de douces mélodies angéliques ou des mots/phrases donnés.

La clairsentience est la capacité à recevoir et traduire des informations énergétiques via le canal du corps.

Le corps humain est l'objet de toutes nos attentions, ainsi, c'est le canal privilégié qui est le plus facile à utiliser et à décrypter.

J'aime dire que ce canal est notre antenne principale tant l'humain est relié à son corps.

Cela peut s'exprimer via des frissons chauds ou froids, agréables ou désagréables, des sensations de montée ou de descente, des poids sur les épaules, sur le plexus solaire, des envies soudaines de vomir, des sensations de légèreté… des courants d'air, des parfums…

C'est le canal privilégié de l'humain.

Il est très aisé de recevoir l'information médiumnique via ce canal. Le corps ne ment jamais.

Si face à une personne ou dans un certain lieu, vous vous sentez mal, affaibli sans raison apparente, il est fort probable que votre corps soit en train de chercher à vous délivrer un message.

Le dernier canal principal que l'on peut exploiter est la médiumnité de clairconnaissance, c'est une médiumnité tout à fait incroyable.

Elle est cette fluidité entre l'information énergétique et moi-même.

La médiumnité de clairconnaissance fait que nous recevons des informations dans nos pensées et nous savons que ces informations sont justes.

Ce sont des informations qui nous viennent et qui ne sont ni apprises, ni connues, ni sues.

Mais pourtant nous savons qu'elles disent vrai.

Depuis toute petite j'ai cette médiumnité. J'ai mis près de 30 ans à comprendre que ce que je recevais était de la clairconnaissance.

Petite, lorsque j'étais face à quelqu'un, je savais des choses sur elle, sur ses blocages, sur ses problématiques, de manière évidente.

Ce que je recevais était tellement fluide, tellement limpide, que je pensais que tout le monde avait cette capacité. Et alors que je voyais certaines personnes s'embourber dans leurs problèmes, moi ayant la clé, je me demandais pourquoi ces personnes n'arrivaient pas à s'en sortir. Si moi j'avais la clé, il m'était évident que tout le monde avait aussi ces informations.

Je n'avais pas encore compris qu'il s'agissait de ressentis médiumniques.

Ce que je ne savais pas et que j'ai appris bien plus tard, c'est que la médiumnié de clairconnaissance était extrêmement développée chez moi.

C'est ce qui fait qu'aujourd'hui, je suis en mesure de vous accompagner en séance de guidance où vos blocages et problématiques m'apparaissent d'une manière totalement évidente et fluide.

Grâce à cette médiumnité, on peut faire une lecture très claire de votre âme.

Un jour, un médium que je consultais lors de ma grande période d'apprentissage m'a dit : la clairconnaissance, se traduit par « je sais que je sais », et cette phrase ne m'a plus jamais quittée pour évoquer cette extraordinaire capacité.

Avec la clairconnaissance, vous avez accès à des informations non connues ; vous avez accès à des informations jamais apprises ; vous pouvez même vous mettre à avoir quelques notions basiques dans une langue étrangère.

Il m'est déjà arrivé de balbutier quelques mots, quelques phrases en Italien lors d'un séjour en Italie, alors que ma connaissance de la langue se résume à savoir dire « pizza » et « ragazza ».

J'en étais la première étonnée.

Ces canaux vous appartiennent, c'est à vous de découvrir quel est votre canal principal, à vous de découvrir de quelle façon l'univers exploite vos canaux pour vous délivrer des messages.

C'est à vous d'apprendre à vous connaître, à vous écouter, à vous vibrer.

J'aime conseiller de passer quelques minutes dans la journée ou dans la semaine, en fonction du temps dont vous disposez, pour vous poser avec vous-même sans rien faire d'autre que d'écouter ce qu'il se passe dans votre corps. Allongez-vous sur le lit et écoutez vos cellules vous parler.

3. Développer ses canaux pour mieux comprendre les informations

Comment apprendre à développer les canaux médiumniques pour recevoir les messages de manière plus fluide ?

Si vous souhaitez apprendre à développer vos canaux, je vous suggère de passer du temps à vibrer vos énergies personnelles et d'apprendre à découvrir les énergies de l'univers et l'impact qu'elles peuvent avoir sur vous. Écoutez-vous, donnez-vous de l'attention pour apprendre à capter les petits signaux au quotidien.

Vibrez comme un être vibratoire qui vit en harmonie avec les énergies de la nature et vous verrez que cette conscience amènera plus de connexion et facilitera les échanges énergétiques.

Je ne saurais trop vous conseiller également de créer du mouvement en vous.

Créez une fluidité par le mouvement.

Marchez, respirez en conscience, dansez, faites du yoga ou toute autre activité sportive qui vous plaît. Mais le fait de créer du mouvement dans le corps amènera une grande fluidité.

Tout comme le fait de bien s'hydrater. L'eau est indispensable à notre bon fonctionnement. Elle va fluidifier nos liquides biologiques et énergétiques et cela amènera une connexion plus aisée.

L'eau est à notre corps ce que l'huile est à un mécanisme. Elle lui permet de bien fonctionner sans aucune résistance. Buvez au moins deux litres d'eau par jour.

Un très bon exercice également pour développer vos canaux est de faire de la méditation.

La méditation va apaiser le cerveau et lui permettre de basculer en onde alpha, qui sont les ondes liées à l'ouverture médiumnique.

Lorsque vous êtes en onde alpha, votre cerveau est connecté sur l'ouverture et la détente. Il n'y a alors pas de place pour le mental lourd et enfermant qui coupe la médiumnité.

Je ne résiste pas à l'idée de vous faire une parenthèse pour vous parler du mental et de son fonctionnement.

4. Le mental

Qui est le mental ? Comment fonctionne-t-il ? À quoi sert-il et comment l'apprivoiser ?

Le mental autrement appelé égo, est lié au cerveau reptilien. Autrement dit à notre cerveau archaïque, primitif, celui qui gère notre instinct de survie. C'est le cerveau qui était le plus développé chez nos ancêtres les hommes préhistoriques. Il gère la survie de notre espèce.

Pour le mental, pas question de mourir. Il va gérer la survie de l'espèce via l'assouvissement des besoins primitifs de l'homme : boire, manger, dormir, se reproduire.

Son fonctionnement est simple. Lorsque l'Homme se sent en danger, et donc que la survie semble compromise, le mental va déclencher une réaction sur la base des 3 réactions typiques face au danger : fuir, se figer, agresser.

Le mental est lié à ce système de fonctionnement. Ainsi, à chaque fois que nous nous retrouvons dans une situation qui menace la survie de l'espèce, le mental va jouer son rôle de protection et va nous faire avoir l'une ou l'autre de ces réactions.

Si je sens que je suis en danger, ma survie peut être menacée. Mon mental va alors déclencher une réaction, via le système nerveux parasympathique (celui qui gère mes réactions face au stress) et je vais m'adapter pour faire face. Soit en fuyant, en agressant ou en me figeant.

Ce qui est valable pour les comportements physiques est aussi valable pour les situations de mise en danger énergétique ou émotionnel.

Le mental a pour but de vous garder vivant.

En ce sens, il déteste la nouveauté qu'il voit comme une menace de l'ordre établi.

La nouveauté amène le changement et le changement c'est l'inconnu. L'inconnu est rempli d'infinies possibilités et dans celles-ci se trouvent peut-être la mort. Alors, pour le mental, par syllogisme le changement signifie la mort.

Il va donc toujours tout mettre en place pour éviter que vous alliez vers le changement.

Il faut vous garder vivant et vous garder dans vos zones connues.

Le mental adore sa zone de confort. Vous savez sa petite zone bien connue où il a l'impression d'être le chef car tout semble être sous contrôle...

Le mental aime camper sur ses positions et ce, même si la zone dans laquelle on se trouve est inconfortable.

Il préfère rester dans une situation inconfortable qu'il connaît plutôt que d'aller vers une situation inconnue qui s'annonce potentiellement meilleure. Parce que le changement et l'inconnu créent un grand inconfort pour lui.

Le mental est lié au contrôle. Étymologiquement, contrôle veut dire : aller contre le mouvement.

Ainsi le but du mental est de vous faire rester là où vous êtes.

Le mental est donc très sclérosant, très enfermant, très emprisonnant.

Le mental est lié à la fermeture, à la lourdeur. Il nous coupe de nos intuitions et nous permet de n'aller que là où c'est connu.

Le mental est rempli de peurs, d'angoisses, d'anticipations. Il va appuyer sur vos propres blessures pour les activer et nous amener à nous rappeler la douleur, espérant ne pas nous faire bouger.

Le mental n'est jamais dans l'instant présent, il est toujours en train d'alimenter le passé ou d'activer des projections liées au futur.

Ainsi le mental va agir pour que l'on reste toujours sur nos mêmes positions.

Il va nous couper de notre connexion médiumnique. Il nous coupe de notre connexion à l'univers, de notre connexion aux guides pour nous focaliser sur la matière car la matière est concrète. Elle est palpable et donc rassurante pour lui.

Ainsi, lorsque vous allez ouvrir vos ressentis au monde énergétique, il convient d'apprendre à calmer le mental.

Ne surtout pas lutter contre, au risque de rentrer dans une énergie de lutte qui ne fera qu'amplifier la problématique.

Calmer, c'est faire une petite place et écouter ce qu'il nous donne comme information tout en le remettant à sa place.

Calmer le mental c'est aussi lui permettre d'être dans son rôle. Le mental c'est celui qui planifie, c'est l'organisateur, c'est celui qui nous permet d'être structuré.

Le mental n'est pas le pilote de la voiture, c'est le copilote. C'est celui qui analyse la carte pour que le pilote s'en sorte au mieux sur le terrain.

Pour calmer le mental, dans un premier temps, identifiez-le.

Lorsqu'il s'active, dites-lui que vous l'avez reconnu et que vous avez compris qu'il est en train d'appuyer sur vos peurs pour vous éviter de bouger.

Dans un deuxième temps, calmez-le et, pour ce faire, rien de tel que trois ou quatre petites minutes de respiration en conscience. Inspirez et expirez tout en récitant le « So Ham » par exemple.

C'est un mantra qui signifie « Je suis ». Inspirez en récitant le So, et expirez sur le Ham.

Trois ou quatre minutes suffiront pour calmer le mental.

La respiration permet le retour à l'instant présent et le mental ne sait pas être dans l'instant présent.

Apaiser la respiration va calmer le rythme cardiaque qui agira lui-même sur l'activité cérébrale, la calmant et ainsi diminuant l'intensité du mental.

Ensuite vous pouvez lister les émotions qui y sont associées, « je me sens en colère », « je suis frustrée » « j'ai peur »…

Puis tentez de comprendre ce que votre mental dit de vous. Sur quelles peurs, quelles blessures est-il en train d'appuyer ? Vous verrez que cette phase est riche car elle permet une introspection calme. Le mental a été calmé et les émotions nettoyées par la conscientisation, vous pourrez ainsi plonger plus facilement sur ce que votre mental est en train d'activer.

Une autre façon de contourner le mental sera de l'occuper.

Puisque son rôle c'est l'organisation, je vais lui donner une tâche bien précise qui va l'occuper et ainsi, je serai plus facilement ouverte pour accueillir les informations médiumniques.

Concrètement, cela donnerait quelque chose du style : « J'ai une question et j'ai besoin d'être éclairée. Ok ! Alors, j'épluche mes carottes, puis je les coupe en rondelles. Je mets la casserole à chauffer, je rajoute mon huile, et je mets mes carottes dans la casserole ». Ainsi, je permets à mon mental d'être focalisé sur son travail, et pendant que le mental est occupé, il est calme et détendu, il fait ce qu'il sait faire. Je vais pouvoir beaucoup plus facilement laisser venir ce qui vient de mes guides.

Le mental est trop occupé sur son travail de préparation du repas et n'est plus disponible pour agir en tant que fermeture. Il ne peut plus faire couvercle empêchant d'arriver dans mon chakra coronal ce qui vient d'en haut. Il est trop occupé sur sa tâche. Alors peuvent venir à moi les informations, idées, intuitions que l'univers m'envoie.

D'ailleurs, je suis certaine que vous avez déjà fait l'expérience de ceci : vous cherchez sans relâche une réponse à une question, une solution à un problème mais rien ne vient. Vous vous sentez totalement dépourvu d'idée.

Vous lâchez l'affaire et vous vous mettez à vider votre lave-vaisselle et d'un coup, l'idée vient comme un éclair de génie !

C'est ça l'intuition, vous avez occupé votre mental et la fluidité a pu se faire.

Ce type de choses arrive très souvent lorsque l'on occupe le mental et que l'on lui donne sa place. Cuisinez, conduisez, faites votre vaisselle ou votre ménage et vous verrez que les informations viennent d'une manière beaucoup plus fluide.

Mon amie Tina est professeur de danse et chorégraphe. Elle crée principalement ses chorégraphies lorsqu'elle cuisine, qu'elle conduit ou même lorsqu'elle est en train de s'endormir car son esprit est occupé par autre chose. Elle peut donc ouvrir son chakra coronal pour être dans la réceptivité absolue. Lorsque je prends mes cours de danse avec elle, j'aime me dire qu'elle a peut-être créé cet enchaînement de pas lorsqu'elle était en train de préparer une salade d'endives.

La créativité et l'intuition sont deux notions très enchevêtrées l'une avec l'autre.

On dit souvent d'ailleurs :« j'ai été bien inspirée ».

Vous venez de découvrir comment fonctionne le mental et comment le calmer. Vous avez pu baisser l'intensité du mental ce qui permet de donner libre cours et une ouverture à votre intuition. L'univers peut vous parler parce que vous êtes en parfaite disposition. Aucune attente, le mental occupé, ainsi l'univers a le champ libre pour venir vous parler.

La technique pour être encore plus proche de soi, s'écouter encore plus profondément et être en lien avec son propre fonctionnement, c'est de pousser l'écoute personnelle à un très haut niveau.

Développez votre écoute personnelle et ramenez-la non seulement à votre propre fonctionnement chronobiologique mais aussi aux cycles énergétiques qui régissent l'univers.

CHAPITRE 3

L'étude du temps et des cycles

Quels sont ces cycles qui régissent notre vie terrestre et en quoi sont-ils intéressants à appréhender pour être plus en harmonie avec soi ?

Nous naviguons dans un univers mouvant qui n'est jamais constant. Dans la nature, dans les éléments, rien n'est stable, tout change constamment.

L'univers dans lequel j'ai décidé de m'incarner est un univers en perpétuel mouvement.

Il n'est qu'inconstance, cycles, changements.

L'univers connaît des cycles qui le rendent inconstant, celui de la Lune, celui des saisons, celui des jours de la semaine. Mais l'être humain, lui aussi, subit des cycles et des rythmes internes.

Les êtres humains sont des êtres cycliques et inconstants quoi que la société nous dise.

La société nous formate de manière à ce que nous soyons coupés de notre nature cyclique, de notre labilité.

Comme si c'était mal, comme si cette labilité était à bannir car elle montre des facettes de notre personnalité qui pourraient venir bousculer l'ordre du monde.

On nous pousse à être des animaux disciplinés et constants.

Constants dans nos comportements, constants dans nos émotions, constants sur nos points de vue.

Quelle incohérence de demander à l'être humain d'être constant alors que nous sommes des êtres cycliques qui subissons également la nature elle-même cyclique de l'univers.

Refuser notre cyclicité revient à nier notre propre nature.

Lorsque je présuppose que je suis un être humain constant comme la société l'attend de moi, je me nie dans mes propres rythmes internes. Je nie le rythme des saisons, le rythme des jours.

Nous sommes des êtres cycliques et donc inconstants.

Si vous apprenez à prêter attention à vos rythmes internes personnels, vous verrez qu'ils sont votre baromètre. Ils sont la boussole qui vous indique comment vous allez, ce qu'il serait bon de faire pour vous aujourd'hui, quelles sont les énergies de la journée, etc…

Plongeons au cœur de ces rythmes pour apprendre à les découvrir et vivre en osmose avec eux.

1. Les trois grands rythmes

La chronobiologie est l'étude de la biologie du point du vue du temps, l'étude des rythmes biologique.

En chronobiologie on retrouve 3 grandes familles de rythmes :

- Le rythme ultradien – rapide : c'est un rythme allant sur une période de moins de 24 heures
  Par exemple la fréquence cardiaque, la fréquence respiratoire, le sommeil.
- Le rythme circadien allant sur une période d'environ 24 heures (comportant un jour et une nuit)
  Par exemple l'alternance veille / sommeil, les courbes de température, la sécrétion de certaines hormones comme le cortisol ou la mélatonine.

Le rythme circadien est calqué sur la rotation de la Terre autour du Soleil

- Le rythme infradien – lent : c'est un rythme qui va sur une période supérieure à 24 heures
  Par exemple : le cycle menstruel, la sécrétion de certaines hormones comme la FSH et la LH, le rythme des semaines, des mois, des années.

2. Le rythme cicardien

Attardons-nous sur le rythme cicardien,

Le rythme cicardien est lié à notre horloge interne.

L'horloge interne est principalement synchronisée par la lumière du soleil.

L'hypothalamus est la glande située dans le cerveau qui va réguler notre rythme circadien. Elle agit en tant que régulateur de la température interne et cela va participer à la régulation de nos biorythmes.

La température interne de l'être humain varie tout au long de la journée. Elle monte à partir de 4h30 du matin. Elle atteint un seuil qui déclenche le réveil, puis elle continue de grimper jusqu'en fin de matinée. En début d'après-midi elle plafonne et commence son déclin lentement jusqu'au soir où la température atteindra un seuil suffisamment bas pour aller vers l'endormissement.

De la même manière que notre température évolue, en chronobiologie, on s'est également aperçu que les heures de la journée portent chacune leur énergie.

Avant 8h30, on observe une faible vigilance.

Entre 9h et 11h30, nous avons un pic de vigilance. Les énergies du matin nous aident à être productifs, méthodiques, concentrés.

Pendant la pause méridienne, la vigilance diminue.

Il est d'ailleurs conseillé lors de la pause postprandiale d'avoir une activité calme, de se mettre au repos, de faire un peu de lecture ou encore de pratiquer le yoga…

Le fait de ne pas se poser pendant la digestion risque d'entraîner le phénomène que tous les instituteurs et institutrices connaissent et redoutent, « le syndrome de la cour de récré ».

Le corps est en train de focaliser toute son énergie sur la digestion. C'est un processus complexe qui demande beaucoup d'énergie au corps, il a besoin de prendre ce temps de pause. Si on ne respecte pas ce temps de digestion, on déclenche le système nerveux parasympathique qui va entraîner des cascades hormonales de stress, déclenchant notamment la production de cortisol et d'adrénaline, entraînant des comportements plus impulsifs, plus agressifs. Ce qui explique que n'importe quel enfant dans une cour de récréation après le repas de midi aura tendance à être agité, ne pouvant pas respecter son besoin de calme.

Tout le monde devrait se voir proposer une petite pause après avoir mangé pour prendre le temps de digérer et laisser le corps faire son job sans le stresser.

L'après-midi n'est pas propice aux grands travaux de concentration, à la méthodologie. Dédiez vos après-midis à la créativité, la rêverie ou les discussions.

Nous retrouvons à nouveau une période de forte vigilance de la mémoire à long terme après 15h/16h jusqu'à 19h30.

La médecine traditionnelle chinoise nous parle aussi des rythmes internes liés aux organes.

Selon cette médecine orientale, toutes les deux heures un organe s'active et va permettre une libération d'hormones pour bien dormir, pour bien digérer, pour augmenter la vigilance etc…

Notez également que ces heures sont en lien avec un organe et donc avec le chakra auquel il fait référence.

Voici ce que dit la médecine chinoise :

Entre 1h et 3h du matin, c'est le foie qui s'active ; entre 3h et 5h c'est au tour des poumons ; puis de 5h à 7h ce sont les gros intestins ; et ensuite l'estomac de 7h à 9h. De 9h à 11h, le pancréas et la rate prennent le relais ; entre 11h et 13h c'est au tour du cœur puis de l'intestin grêle entre 13h et 15h. La vessie de 15h à 17h et les reins de 17h à 19h. De 19h à 21h c'est la circulation qui prend le relais, suivie du système endocrinien de 21h à 23h. Et enfin pour terminer le cycle la vésicule biliaire de 23h à 1h du matin.

L'être humain, ballotté entre tous ces rythmes, toutes ces réactions en chaîne pourraient se sentir perdu. Mais je vais vous donner des moyens très concrets d'apprendre quel est votre propre rythme personnel afin que votre boussole soit toujours bien ajustée.

3. Les Chronotypes

L'être humain est un être chronotherme qui a un chronotype.

Il est régi par des rythmes internes personnels propres à chaque individu.

Les régulateurs de ces rythmes se cachent dans notre cerveau comme nous l'avons vu pour la température corporelle.

Nos biorythmes se basent sur notre température corporelle qui varie selon notre cycle et selon les heures de la journée.

Une des premières choses à faire est de connaître son tempérament et ses propres rythmes associés à notre température centrale.

C'est fondamental pour la connaissance de soi mais aussi pour le respect de soi.

Cela vous permettra de mieux vous connaître, de savoir comment optimiser votre fonctionnement interne et de connaître vos pics de productivité, de savoir quand vous réveiller, vous coucher, étudier…

Dans son merveilleux livre « Quand ? » le docteur Michael Breus distingue 4 chronotypes : les lions, les ours, les loups et les dauphins.

Les lions sont des individus matinaux qui se réveillent frais et disponibles à l'aube.

Les lions ne font pas de grasse matinée ni de sieste qu'ils considèrent comme une perte de temps. Ce sont des êtres extrêmement productifs, qui ne s'arrêtent jamais.

Les lions sont plutôt de nature optimiste, ils sont consciencieux, stables, pragmatiques.

Les lions sont assez rigides sur leur fonctionnement et ont besoin d'une grande hygiène énergétique.

Ils sont chrono rigides. Leur besoin de routine est très important tout comme la nécessité absolue d'être en phase avec leurs propres rythmes.

Ils ont un besoin de sommeil moyen mais ils supportent mal la privation de sommeil.

Le lion a un pic de productivité dans la matinée et un pic de forme à midi.

Ils commencent à ressentir la fatigue en fin d'après-midi et s'endorment très facilement.

Un lion que vous forcez à veiller après 22h donnera le sentiment de s'ennuyer ou pourrait se montrer agressif car ses besoins de repos ne sont pas respectés.

Ensuite, nous retrouvons le profil des ours.

Leur cycle correspond à celui du soleil.

Ils se lèvent aux alentours de 7h à 8h du matin, ils ont un fort besoin de sommeil. Les ours dorment profondément mais pas suffisamment à leur goût. Ils se réveillent souvent étourdis.

Ce sont des êtres prudents, extravertis, sympathiques, ouverts d'esprit.

Ils ont tendance à éviter les conflits, aspirent à une bonne santé. Ils font passer le bonheur avant tout et tirent du réconfort de ce qui est familier.

Ils ont un pic de productivité en fin de matinée, et un pic de forme du milieu de matinée jusqu'au milieu d'après-midi.

Ils aiment prendre le temps de se reposer le week-end, en prolongeant la nuit d'une grasse matinée ou d'une sieste sur le canapé.

L'ours est le chronotype le plus fréquent, son mode de fonctionnement est bien adapté à notre vie occidentale.

Les loups sont des individus du soir.

Ils ont du mal à se réveiller le matin et sont de mauvaise humeur au réveil. Ils se traînent.

Leur réveil naturel se fait aux alentours de 11h et se couchent aux alentours de minuit voire plus tard.

Les loups ont le goût du risque. Ils privilégient la recherche du plaisir et recherchent la nouveauté. Les loups ont des personnalités très créatives.

Les loups se laissent facilement emporter par leurs émotions. Ils sont impulsifs, lunatiques et pessimistes.

Les loups ont un pic de productivité en fin de matinée ou en fin de soirée et un pic de forme vers dix-neuf heures.

La tentation de la sieste est forte mais si un loup dort pendant la journée, il aura plus de difficulté à trouver le sommeil la nuit.

Un loup que l'on force à se lever à six heures du matin pour commencer sa journée ira à l'encontre de son propre cycle veille/sommeil et ne sera pas capable de grand-chose. Si ce n'est de retard à l'école et d'absentéisme alors que son cerveau est extrêmement efficace à la nuit tombée.

Les dauphins sont des insomniaques. Ils dorment peu et se réveillent souvent. Ils ont du mal à se reposer. Ils ne dorment que sur une seule oreille. Les dauphins se réveillent souvent fatigués.

Ils sont intelligents, aspirent à la perfection et se focalisent sur des détails.

Prudents et introvertis, ils évitent les situations à risques et ont des tendances obsessives/compulsives.

Leur besoin de sommeil est faible et leur qualité de sommeil est assez légère.

Ils ont un pic de productivité par épisodes en journée et un pic de forme tard le soir.

S'ils envisagent la sieste, ils savent qu'ils auront beaucoup de difficulté à s'endormir le soir.

Je vous invite à découvrir votre chrono-type et à essayer de rapprocher un maximum votre mode de vie de votre tempérament chronobiologique.

4. Le chronodécalage

Les dérèglements de nos rythmes circadiens peuvent provoquer des chrono-décalages et avoir de nombreuses répercussions ; qu'elles soient physiques, émotionnelles ou mentales : le stress, les maladies, la fatigue chronique, l'obésité…

Il est donc conseillé de suivre une bonne hygiène des rythmes pour avoir la forme.

Il est d'ailleurs également conseillé de ne pas modifier son rythme de vie lorsque l'on est en vacances ou jeune retraité.

Un lion qui s'est levé à cinq heures toute sa vie et qui, à la retraite, décide de se lever tous les matins à onze heures, créerait un décalage énorme entre son chrono-type et son mode de vie. Ce qui pourrait engendrer des maladies.

Pour rappel rapide, la maladie s'installe dans le corps quand celui-ci se trouve en déséquilibre. Il a besoin d'attirer l'attention sur ce déséquilibre pour que l'on puisse soigner la blessure originelle.

Lorsqu'une maladie s'invite, pensez toujours : que vient-elle me dire sur moi-même ?

Je vous conseille le merveilleux livre de Thierry Janssens « La maladie a-t-elle un sens ? » ou la bible de Jacques Martel « Le grand dictionnaire des malaises et maladies » pour vous aider à décoder ce que votre corps vous dit à travers la maladie.

En chronobiologie, on nous invite aussi à porter une attention particulière sur les éléments externes qui créent une distraction et participent à ce décalage.

Les pires inventions ont été le feu et l'électricité.

Le feu a permis à nos ancêtres de veiller plus tard et d'être moins en phase avec leur chrono-type.

Tout comme l'électricité a permis de rallonger les soirées et les veillées télévision-canapé.

Essayez le plus possible de résister aux sirènes des plates-formes vidéo ou des écrans de nos téléphones portables pour vous coucher au meilleur moment pour vous.

Depuis que la chronobiologie est entrée dans ma vie, j'écoute toujours mon propre rythme ainsi que le rythme de la journée.

Lorsque je travaille en nettoyage énergétique, que ce soit pour un lieu ou pour une personne, je vais toujours profiter de la courbe ascendante de l'énergie et travailler le matin.

Je suis toujours beaucoup plus efficace tôt le matin que dans l'après-midi.

L'après-midi, j'ai plutôt tendance à écrire, à réaliser mes guidances écrites ou à penser aux prochains projets que je veux mettre en place.

Être à l'écoute des énergies de la journée nous permet de « surfer sur la vague ».

Nous venons de voir que nous sommes synchronisés grâce à nos gènes qui agissent sur nos rythmes internes. Mais voyons maintenant en quoi les rythmes externes agissent, eux aussi, sur nous.

5. Les rythmes hebdomadaires

Les rythmes exogènes sont les rythmes qui nous sont extérieurs et qui agissent sur nous.

Cela peut être lié à mon environnement et à la société.

Ce sont les rythmes types : les rythmes professionnels, la famille, le travail, la société, le rythme des jours de la semaine, le rythme des énergies du mois et même celui de la saison.

Les jours de la semaine portent leur propre énergie.
Un lundi n'équivaut pas un mercredi.
Le lundi et le vendredi sont des journées plus chaotiques.
Le lundi, nous devons resynchroniser notre horloge interne qui a été déréglée par les rythmes changeants du week-end.
Des études ont montré qu'il y a plus d'accidents sur les routes le lundi à cause de notre vigilance qui diminue.
Le mardi est un facilitateur. Cette journée est en général très fluide, très évidente, et vous avez une capacité dingue à mettre de belles choses en place.
Le mercredi et le jeudi profitent également de ces énergies.
Le vendredi est une journée peu productive. Elle porte le poids de la fatigue du rythme de la semaine et il convient d'éviter de se surcharger le vendredi.
Portez donc une attention particulière aux jours de la semaine en fonction de ce que vous avez à faire.
Il y a des jours qui y seront propices et d'autres non.

Tout comme les jours de la semaine, les saisons portent elles aussi des énergies particulières qu'il convient de suivre pour être en harmonie avec elles.

6. Les saisons

En Médecine Traditionnelle Chinoise (MTC), on nous indique que chaque saison porte une énergie.

Avec le temps, j'ai développé une réelle passion pour l'écoute des saisons. Si on les écoute, on comprend leur énergie et on comprend ce qui nous est demandé de faire pendant chacune d'elles. Cela permet d'être plus en harmonie avec son environnement.

Chaque saison porte une couleur qui lui est propre et nous invite à un travail personnel en relation avec l'énergie du moment.

Les saisons portent également une émotion, un organe et des viscères associés.

Notre calendrier grégorien n'est pas en accord avec le calendrier de la MTC.

Le calendrier grégorien est notre calendrier sur 12 mois tel que nous le connaissons.

Le calendrier de MTC est plus précoce que le calendrier grégorien.

Les saisons de MTC débutent toujours avant les saisons de notre calendrier occidental et la MTC inclut également une cinquième saison entre chacune d'elles.

La cinquième saison

Commençons par développer la cinquième saison.

La cinquième saison est une spécificité du calendrier de MTC mais elle peut tout à fait être conscientisée et inclue dans notre façon de vivre les saisons.

La cinquième saison est une intersaison de dix-huit jours.

Elle permet de désamorcer la saison passée pendant les 9 premiers jours et d'amorcer pendant les 9 jours suivants la saison à venir.

Ce sont des saisons liées à l'élément terre donc des saisons d'élimination.

Cette intersaison nous permet de faire la transition saisonnière en conscience afin de quitter l'énergie de la saison précédente et de préparer la nouvelle saison à venir.

L'organe associé est la rate, organe de production d'énergie vitale.

La couleur est le jaune. Mangez des aliments jaunes, portez du jaune.

Il est conseillé de manger chaud, d'éviter le froid et de privilégier une alimentation saine : les légumes cuits à la vapeur, œufs, poisson, viandes blanches ainsi que de limiter les graisses et produits laitiers.

Buvez beaucoup d'eau pour accompagner l'élimination.

Profitez-en pour faire une petite cure détox. C'est la saison parfaite pour ce faire. Jus de citron, sève de bouleau, huiles essentielles, jeûne intermittent, à vous de choisir en fonction de vos besoins.

Marchez, jardinez, baladez-vous.

Lors de la cinquième saison il est recommandé de s'ancrer et de revenir à l'essentiel.

C'est aussi une saison d'élimination ; aérez et purifiez vos logements.

N'hésitez pas à utiliser des encens de qualité en résine.

Le printemps

Puis arrive la saison du printemps.

Au printemps, c'est le temps du renouveau. Il est temps de se remettre en mouvement, de préparer les champs et de commencer à planter nos graines.

La saison de printemps a une énergie remontante. Elle permet aux énergies de circuler à nouveau. Elle amène une renaissance.

Au printemps, les idées foisonnent et l'intuition est à son comble.

C'est la saison en lien avec le foie et l'émotion de colère.

La couleur associée est le vert (portez-en et mangez-en) et l'élément est le bois.

Il est conseillé de se tourner vers des plats avec une saveur douce, d'éviter les excès et de privilégier une alimentation verte.

C'est aussi le moment de se remettre au sport pour créer un mouvement dynamique de nos propres énergies.

Activités physiques, balades et exercices de respiration seront des alliés. Ils vont renforcer les poumons et ainsi tempérer le foie.

Prenez le temps. Ne vous laissez pas envahir par l'énergie foisonnante bien qu'il faille s'en imprégner.

Si vous n'avez pas fait votre cure détox à l'intersaison, alors c'est le moment de la faire.

Intervient à nouveau une intersaison, puis nous voilà dans la belle énergie d'été.

L'été

L'été est la période de prospérité. Nous récoltons ce que nous avons semé au printemps dans la joie et la langueur estivale. Le temps est à l'abondance et aux activités extérieures. Nous sommes en lien avec les Autres, tournés vers l'extérieur.

C'est la saison en lien avec le cœur et l'émotion de joie.

La couleur associée est le rouge et l'élément est le feu.

En été, il est conseillé de consommer des plats aux saveurs amères comme les asperges, les concombres. Consommez des aliments plutôt tièdes que froids. Les fruits d'été sont vos alliées, ne vous privez pas de cerises, abricots et pêches.

Buvez beaucoup pour compenser les pertes hydriques liées aux chaleurs d'été.

En fin d'été, j'aime toujours faire un petit bilan sur les mois qui viennent de passer. C'est un portail de clôture qui amorce les saisons froides, un portail de fin de cycle, de passage. Le moment idéal pour récolter : Qu'est-ce que j'ai bien travaillé ? Que dois-je encore travailler ? C'est le moment de se féliciter mais aussi d'anticiper la saison d'automne qui arrive en dégageant dès la fin d'été des axes de travail pour notre évolution. Il est temps de conscientiser notre évolution et de faire le vide, de nettoyer, tout comme en fin d 'été l'agriculteur après avoir récolté son blé va le nettoyer pour préparer les nouvelles semences.

À la fin de l'été, une intersaison intervient à nouveau et laissera place à l'énergie de la saison d'automne.

L'automne

L'automne est une période de lâcher prise qui amène l'émotion de tristesse associée à l'organe poumon dont il faudra prendre soin.

La couleur associée est le blanc et l'élément est le métal.

C'est une saison de synthèse, de bilan. La sève diminue alors que nos énergies décroissent.

Le mouvement énergétique va vers le dedans et redescend.

Pendant la période d'automne, il est vivement conseillé d'éviter les sécheresses en maintenant une bonne humidité pour que le poumon fonctionne bien.

N'oubliez pas de garder le corps en mouvement via des séances de sports ou de respiration.

Il est conseillé de privilégier les plats riches en épices comme le basilic, le gingembre, les oignons, clous de girofle.

À nouveau, l'intersaison vient nous aider dans la transition entre les saisons.

Et l'hiver est déjà là.

L'hiver

La saison d'hiver est la saison d'hibernation et d'introspection par excellence. C'est dans cette saison que nous faisons face à notre ombre afin de la travailler en affrontant nos peurs. Ce qui nous permettra de redémarrer au printemps en étant allégé de ces ombres que l'on vient d'affronter.

La peur sera un moteur capable de nous faire changer avant le renouveau du printemps.

Notre rythme interne ralentit et nous sommes dans une position d'attente et de préservation des énergies avant la renaissance du printemps.

C'est le moment où il faut se poser, calmer le rythme, adapter son comportement sur celui de la nature et y mettre plus de lenteur.

C'est la saison en lien avec les reins et l'émotion de peur.

La couleur associée est le noir et l'élément est l'eau.

Il est vivement conseillé de retrouver son intérieur, que ce soit son foyer comme le contact intime avec soi.

Mangez chaud, prenez des vitamines, buvez des tisanes à base de gingembre, cannelle, anis étoilé ou encore cardamome.

D'une manière totalement personnelle, je suis très en phase avec le calendrier de la MTC.

Je suis toujours subjuguée de voir comme la nature nous montre toujours le chemin. Il faut se connecter à elle. Se connecter à son énergie nous montrera toujours la marche à suivre et nous permettra d'être parfaitement alignés avec les énergies de la saison.

J'aime écouter dès le 15 août le déclin des énergies qui nous permettent d'entrer dans l'automne. Début novembre, si vous écoutez bien, vous sentirez comme les énergies sont calmes et silencieuses. C'est le temps de l'hiver. En février, si vous y êtes attentifs, vous ressentirez les énergies se réveiller et remonter avec une force incroyable du sol. Cette énergie pousse les bourgeons à sortir de terre et redynamise la sève. Et dès le mois de mai, ressentez comment l'été nous invite à savourer les moments simples à l'extérieur.

J'aime aussi préparer chaque saison avec un petit rituel et une prise de conscience. Cela permet d'entrer dans la saison avec un fil conducteur et de ne pas s'y perdre. Et surtout dans les saisons plus obscures de l'automne et de l'hiver, où il peut être difficile de garder le cap, le fait d'être conscient que nous sommes en train de travailler avec ces énergies précises nous permet de garder la tête hors de l'eau. Et gardez en tête que ces cycles saisonniers finissent toujours par passer, ils ne sont bien que des cycles.

La notion de cycle est très importante en énergétique. Elle évoque la roue, symbole important du cercle car il indique que tout est début, tout est fin.

Il n'y a ni début, ni fin, tout n'est qu'un éternel recommencement.

Ainsi il convient de faire confiance à ce mouvement rempli de douceur qui nous rappelle également le giron maternel, qui est lui-même représenté par le symbole du cercle, signe de sécurité.

7. Le cycle lunaire

Les saisons comportent 4 grands mouvements avec leurs énergies respectives, plus la cinquième saison.

Vous remarquerez que pour les deux prochains cycles, nous serons plus ou moins sur le même type de format. 4 mouvements énergétiques qui ont leur similitude avec les énergies des saisons.

Soyons attentif au cycle lunaire.

La plupart d'entre nous est très sensible aux variations dans le cycle de la Lune.

Ne vous êtes-vous pas déjà surpris à ne pas bien dormir, à faire une insomnie puis à vous rendre compte que c'est le jour de la pleine Lune ?

Les cycles de la Lune ont une influence sur le corps humain. Une étude a démontré que la pleine Lune empêche la sécrétion de mélatonine chez les sujets les plus sensibles. Cela expliquerait donc pourquoi certains ne dorment pas très bien pendant les nuits autour de la pleine Lune.

N'oublions pas que la Lune agit sur l'eau, elle agit sur les marées provoquant un effet incroyable. Pour rappel, le corps humain d'un adulte est composé à soixante pour cent d'eau. Il serait fou de penser que la Lune peut agir sur les marées mais pas sur l'homme.

Chaque période de Lune porte également une énergie qui sont tout autant intéressantes à écouter dans la mesure où si vous faites les choses de votre vie en lien avec les énergies lunaires, cela vous aidera à porter vos projets.

Voyons les 4 phases de la Lune.

En Lune nouvelle, la période est favorable au renouveau, au fait de remettre des choses en route, on active l'abondance. C'est le moment de poser des objectifs.

En Lune croissante, on nous invite à passer à l'action, à travailler sur nos projets.

La pleine Lune est une période où l'on va recevoir des enseignements, c'est une période de récolte.

On va faire une sorte de bilan qui nous permettra aussi de mettre le doigt sur des choses dont on ne veut plus dans sa vie.

En Lune décroissante, on nous invite à la détente, au fait de prendre le temps de rêver, de guérir et de lâcher prise.

Être conscient des phases lunaires permet également de mieux vivre en harmonie avec la nature et de suivre son rythme.

Pour les femmes c'est d'autant plus important car leurs cycles menstruels sont intimement liés aux cycles lunaires.

Le cycle de la Lune dure vingt-huit jours et demi, et celui de la femme environ 28 jours.

Le cycle féminin se découpe en quatre phases et chacune d'entre elles est associée à une phase lunaire, une saison et des énergies spécifiques.

8. Le cycle menstruel

Pauline Valdairon, dans son merveilleux livre « Femmes cycliques», nous parle avec simplicité des énergies du cycle menstruel.

La femme dans son cycle menstruel connaît quatre moments qui portent tous des énergies différentes.

Les menstruations

Le premier moment est celui de la menstruation.

Lorsque nous sommes au moment de la menstruation, nous connaissons une capacité plus prononcée de contemplation.

Cette période du cycle est apparentée à la saison d'hiver et à la nouvelle Lune.

L'hiver tout est calme et paisible. Il nous invite au repos, à l'observation, à la contemplation. Nous sommes moins en lien avec les autres et un peu plus repliées sur nous-mêmes pour bénéficier de notre propre chaleur réconfortante. Le premier jour des règles, on a souvent envie de rester chez soi, emmitouflée dans son plaid bien chaud. C'est un moment de repli et de cocooning.

Phase folliculaire

Le deuxième moment est celui de la phase pré-ovulatoire, juste après les règles et avant l'ovulation.

Lorsque notre cycle se trouve dans sa phase proliférative, nous connaissons alors un dynamisme plus important.

Cette période du cycle est apparentée à la saison de printemps et à la Lune croissante. L'énergie de vie revient, nous sommes à nouveau plus dynamiques et les bourgeons sortent de terre.

Dans ce moment du cycle, nous avons envie de découvrir le monde, d'agir, de mettre des choses en place. Le dynamisme et l'énergie sont au rendez-vous pour nous permettre de réaliser des choses.

L'ovulation

La troisième phase est celle de l'ovulation.

Au moment de l'ovulation, c'est notre aptitude expressive qui prend le dessus et qui se manifeste en nous.

Cette période du cycle est apparentée à la saison d'été et à la pleine Lune.

En été nous sommes tournés vers l'extérieur, vers l'expression. Nous sommes tournés vers l'autre, vers les échanges, vers les contacts.

Nous sommes en pleine expansion, en pleine possession de tous nos moyens. Nous sommes amour de l'autre, rayonnement et harmonie.

D'ailleurs, dans le documentaire « Du baiser au bébé » on démontre que certaines études ont attesté que le visage de la femme se modifie en fonction des moments du cycle menstruel. Et le visage féminin est toujours plus symétrique pendant la période d'ovulation. Nous sommes au top de nos capacités. Étant dans notre moment de fécondité absolue, le mammifère qui sommeille en nous cherche à assurer la survie de l'espèce et dans ce moment de cycle, nous sommes biologiquement faites pour être plus désirables et attirantes.

La période prémenstruelle

La quatrième phase correspond à la période prémenstruelle.

Ce moment se situe après le moment d'ovulation et avant la menstruation suivante. Nous touchons alors à notre moment de créativité le plus intense.

Cette période du cycle est apparentée à la saison d'automne et à la Lune décroissante.

Le rythme ralentit, les feuilles tombent. Spontanément, nous retournons vers nous-mêmes, vers l'intérieur ce qui permet une connexion à soi.

En automne, on lâche prise, on fait le tri, on tire les enseignements et on évolue.

C'est une période bien connue de la plupart d'entre nous car c'est une période qui peut être assez difficile à vivre au quotidien : agitation, irritabilité.

Biologiquement, le corps va réagir à la non-fécondation de l'œuf. Il va chercher à libérer les énergies qu'il avait accumulées pour développer l'œuf. Ces énergies peuvent être destructrices car nous sommes plus sensibles émotionnellement et plus fatiguées. Ce qui rend la femme peu diplomate.

Des chercheurs ont même identifié que le fait de se disputer avec son partenaire dans cette période du cycle est quelque chose de profondément biologique. Le mammifère qui sommeille en nous est poussé par la survie de l'espèce.

Gaëlle Baldassari, dans un article explique qu'en l'absence de fécondation, il va identifier le partenaire comme un danger pour l'espèce étant donné qu'il n'a pas fécondé l'œuf mis à sa disposition.

Ainsi, biologiquement, nous allons chercher à le repousser et l'exclure de notre vie.

Les mots d'ordre de la période prémenstruelle sont donc repos, patience, et communication !

Et ce cycle recommence à nouveau inlassablement avec des périodes plus ou moins intenses.

C'est pourquoi je trouve cela merveilleux d'être à l'écoute de son corps et de son fonctionnement pour être le plus en phase possible avec soi-même.

Si vos règles ne sont pas synchronisées avec les phases lunaires, voici un petit rituel simple et très efficace pour être en harmonie avec l'énergie de la Lune.

Rituel :

Offrez-vous un moment au calme, un moment loin de l'agitation du monde.

Respirez amplement et en conscience pendant 3 à 4 minutes pour faire le vide dans votre tête.

Connectez-vous à votre utérus et à l'énergie de la Lune. (Même si vous ne la voyez pas, la Lune est toujours là, alors vous pouvez faire ce rituel en plein jour sans aucun problème).

Posez vos mains avec amour, bienveillance, douceur et délicatesse sur votre bas ventre pour vous aider à diriger votre attention sur votre utérus et vos ovaires.

Prenez quelques minutes pour envoyer de l'amour, de la paix à vos organes reproducteurs. Remerciez-les d'être là.

N'hésitez pas à imaginer votre utérus en fleur, qu'il est rempli de lumière ou tout autre valorisation qui vous parle.

Demandez à la Lune d'harmoniser vos cycles afin qu'ils se calquent sur les cycles lunaires si cela est bon pour vous.

Parlez-lui comme vous parleriez à votre meilleure amie avec respect et simplicité.

Visualisez comme la Lune agit sur vos ovaires pour modifier la production hormonale.

Remerciez la Lune. Remerciez votre utérus.

Faites ce rituel à chaque cycle jusqu'à harmonisation totale.

Et voilà ! Après avoir exploré l'énergie des saisons, l'énergie des jours et des heures de la journée, après avoir beaucoup parlé de l'énergie de la Lune et de celle de la femme, vous avez toutes les clés en main pour faire en sorte que votre énergie personnelle soit en harmonie avec les énergies environnantes.

Vous verrez, respecter son énergie et faire les choses au bon moment est une véritable révolution.

Voyez finalement comme votre âme, et tout le système énergétique qui vibre autour d'elle, vous permet de vous connecter parfaitement à votre incarnation. Ceci grâce à l'écoute interne et l'écoute de rythmes énergétiques qui régissent notre plan terrestre.

L'âme est vraiment un relais entre le ciel et la Terre.

À présent, maintenant que nous avons bien compris comment fonctionne le système énergétique et ses énergies, nous allons tenter de comprendre ce qu'est la notion d'incarnation et en quoi comprendre l'incarnation est une clé décisive pour être heureux.

Troisième partie

SUR LES CHEMINS DE L'INCARNATION

À travers cette troisième partie, je souhaite aborder avec vous de manière plus concrète comment se déroule notre incarnation sur Terre. Ceci dans le but de mieux la comprendre et de trouver des réponses sécurisantes qui nous permettront d'avancer avec confiance à travers les épreuves que nous vivons.

CHAPITRE 1

L'incarnation

Mon âme s'incarne sur Terre. Elle s'incarne dans un monde matériel et elle a besoin pour cela d'un véhicule adapté à ces vibrations plus lourdes et plus denses.

Le véhicule sera le corps humain.

L'incarnation n'a qu'un unique but : l'évolution vers une conscience et une vibration supérieure.

Je m'incarne pour m'améliorer.

1. Comment se passe le processus d'incarnation ?

Mon âme à l'état brut, hors incarnation, se trouve sur les plans de lumière.

Certains appellent ça le paradis, le ciel. Je préfère employer le terme de « plans de lumière ».

Ce sont des plans dont la vibration est extrêmement élevée en termes de fréquence.

Autrement dit, il y fait bon vivre et c'est là où toute âme naît et ou toute âme séjourne entre deux incarnations.

C'est un plan fait d'amour et de bienveillance. C'est notre maison, notre foyer, l'endroit d'où nous venons et où nous retournerons tous.

Lorsque la mort du corps physique intervient, mon âme quitte l'incarnation.

Elle va retourner sur les plans de lumière où, appuyée des guides, elle va faire un petit debriefing de la vie qu'elle vient de quitter sans aucune notion de jugement, de bien ou de mal.

L'heure sera au constat, dénué de tout jugement.

Mon âme va revoir les aspects qu'elle a réussi à transcender, les objectifs réalisés, les progrès faits, elle va pouvoir contempler son évolution.

Elle va aussi revoir les problématiques qui ont se sont présentées lors de l'incarnation qu'elle vient de quitter. Ai-je été trop jaloux ? Trop avare ? Trop froid ? Trop excentrique, trop volage ?

Ces points négatifs ne serviront uniquement qu'à déterminer mes axes d'amélioration, sans aucun jugement négatif.

Si j'ai été trop jaloux, alors peut être que je pourrais faire le choix de travailler cette jalousie dans ma prochaine vie.

Accompagnée de mes guides, je vais définir avec beaucoup de bienveillance les problématiques qui me semblent être importantes à travailler pour mon âme lors de ma prochaine incarnation.

Là où j'estime que mon âme peut encore évoluer, là où j'estime que mon âme a encore du chemin à accomplir, j'y vois une occasion merveilleuse de travailler davantage pour m'améliorer. Je vais donc, avec plaisir, prendre ce qui me fait défaut comme un beau cadeau à offrir à mon âme. Et je définis ces petits travers comme mes nouveaux objectifs de travail.

Une fois mes grands axes de travail définis et choisis, je peux jouir d'un petit moment sur les plans de lumière où je continue mon évolution. Mais de manière beaucoup plus aisée car, sur les plans de lumière, seul l'Amour existe. Je rencontre mes proches qui m'attendaient là-haut, je passe du temps avec eux, je discute, je joue.

Lorsque je suis sur les plans de lumière, je ne suis pas au repos total. J'ai encore du travail à accomplir et je suis toujours occupé à faire évoluer mon âme. Mais cette fois-ci, uniquement en direction des notions d'amour et de bienveillance.

Les épreuves douloureuses et les vibrations basses ne sont réservées qu'à l'incarnation.

Un beau jour, mes guides reviendront vers moi parce qu'ils auront trouvé l'incarnation parfaite, celle qui me permettra de travailler les problématiques que j'ai choisies de transcender.

Mes guides me proposeront alors de retourner sur Terre pour m'incarner et vivre des problématiques évolutives.

Ils me proposeront l'incarnation en m'expliquant les grandes lignes de celle-ci.

Avec qui je vais m'incarner, qui seront mes parents, mes frères et sœurs.

Ils me donneront également tous les tenants et aboutissants de cette incarnation.

Ils me permettront de connaître les grosses problématiques de vie que je vais devoir affronter.

J'ai un accès aux grandes lignes que je vivrai dans cette incarnation.

Lorsque les guides viennent à moi pour me proposer une vie terrestre, ils me montrent toujours l'incarnation parfaite. Celle qui correspond à ce dont j'ai besoin pour évoluer.

Bien que les grandes lignes de cette incarnation soient déjà définies, je dispose en m'incarnant de ce que l'on appelle le libre arbitre. Celui-ci me permettra sur Terre, de faire l'inverse de ce qui était prévu. De postposer la confrontation à une problématique, de choisir un autre chemin que celui que l'on avait défini. Mon libre arbitre est ma capacité de choix. Je suis libre de faire l'inverse de ce que mon âme avait prévu.

Ce qui explique que parfois, une âme puisse faire le choix du suicide. Ou le choix de vivre un chemin inverse.

Si, lors de l'incarnation, je trouve que mes problématiques sont trop intenses et que j'ai perdu toute foi en moi et en l'univers, je peux rompre le contrat par l'acte de suicide. Ou devenir quelque chose qui n'est pas en adéquation avec le contrat. J'ai ce libre arbitre de décider ce que je ferai une fois sur Terre. Écouterai-je ma guidance ou n'en ferai-je qu'à ma tête ?

Une fois ce passage en revue fait avec mes guides, on me propose de faire le choix conscient d'accepter ou non l'incarnation.

Quoi qu'il arrive, mon âme s'incarnera toujours dans la meilleure incarnation qu'on puisse lui proposer.

On proposera toujours à mon âme de vivre la vie la plus évolutive possible pour elle.

Car effectivement, la seule chose qui sous-tend le processus d'incarnation, c'est l'évolution spirituelle.

Ainsi, même si ma vie me semble difficile d'un point de vie purement humain, j'ai choisi la vie qui serait la plus intéressante pour mon âme.

Mon âme n'est qu'amour et l'univers n'est qu'amour. Il ne nous pousse pas vers des situations compliquées par plaisir. Mais il sait que si mon âme vit telle ou telle problématique, c'est la meilleure manière pour elle d'évoluer. Alors, dans un puissant élan d'amour, nous acceptons de nous incarner dans cette vie que l'on nous propose.

L'âme sait que, pour évoluer, elle va devoir travailler, souffrir. Mais c'est son souhait le plus profond. Alors, elle accepte toujours avec foi et détermination l'incarnation proposée pour pouvoir avancer sur ses problématiques et aller vers une vibration toujours plus haute.

L'incarnation est donc bel et bien un choix conscient de l'âme sur les plans de lumière.

Vous avez tous choisi de venir vivre cette incarnation parce que vous saviez que ce serait une chance inouïe de transcender vos problématiques dans cette vie ci.

La bonne nouvelle c'est que vous tous qui me lisez, vous êtes incarnés. Vous avez donc tous volontairement « signé » pour cette incarnation.

C'est un choix conscient de l'âme que celui de venir s'incarner.

L'âme sait qu'elle va devoir beaucoup travailler une fois sur Terre. Elle sait qu'elle va probablement souffrir pour évoluer mais c'est son souhait le plus profond. Alors, l'âme accepte toujours avec foi et détermination l'incarnation proposée pour pouvoir avancer sur ses problématiques et aller vers une vibration toujours plus haute.

Car oui, lorsque mon âme évolue, je permets à ma vibration d'augmenter. Et c'est ce que recherche mon âme. Mon âme a une soif naturelle d'élévation.

Cette notion-ci est merveilleuse car elle permet de se responsabiliser face à sa propre vie.

Je ne suis pas victime des événements. Je suis l'acteur de ma vie car c'est moi qui ai accepté de vivre cette vie.

Sur les plans de lumière, je me vois tel que je suis : une âme à l'état pur. Je sais qu'elles sont mes capacités et si j'ai choisi d'aller vers une incarnation difficile, c'est que je connais le potentiel qu'à mon âme de transcender les problématiques qui me seront données à travailler.

Dans « La petite âme et le soleil » de Neale Donald Walsch, on comprend une donnée fondamentale qui va peut-être mettre à mal votre mental.

Accrochez-vous, ou plutôt détendez-vous, pour vous laisser pénétrer par l'enseignement qui vient.

Si dans les plans de lumière toutes les âmes ne sont qu'Amour et bienveillance, et que le mal n'existe pas, cela signifie que toutes les âmes sont mes amies, mes alliées. Prêtes à m'aider et à endosser n'importe quel rôle si c'est mon choix d'évoluer via certaines problématiques.

Ainsi, nous choisissons de vivre des problématiques d'incarnation qui engendrent des événements potentiellement douloureux. Et cela implique forcément que nous aurons en face de nous des personnes incarnées à nos côtés qui endosseront ces rôles et porteront les costumes de nos bourreaux.

Cela signifie que ces âmes qui endossent les rôles de bourreau de vos vies, ces âmes qui vous ont fait souffrir, ces âmes avec qui vous avez vécu des choses difficiles et lourdes ; celles qui vous ont impactés et imprégnés ; ces âmes qui ont laissé des traces indélébiles et des cicatrices béantes… Ces âmes-là sont des âmes amies qui vous aimaient tellement qu'elles ont accepté d'endosser le rôle du « méchant ». Pour vous permettre de vivre l'expérience évolutive dont vous aviez besoin.

Je sais combien ces dernières phrases peuvent être difficiles à lire. Je sais combien il est difficile de se dire que nous sommes responsables de nos choix de vie.

Je sais combien il est plus « simple et basique » de se dire que nous sommes une victime et que l'autre n'est que le coupable de l'histoire. Nous aimons étiqueter l'autre en tant que pervers narcissique, violeur, manipulateur, menteur etc… Mais tout ce que l'autre nous a fait vivre était parfaitement juste. Cette âme amie a choisi d'endosser ce rôle dans le but de vous permettre d'évoluer à travers cette situation.

Face à une situation difficile, nous avons toujours deux choix qui s'offrent à nous.

Courber l'échine et se poser en victime. Je suis celui/celle qui subit. Je perds mon pouvoir et je le donne à l'autre qui décidera de mon sort. Ou bien être celui/celle qui prend le taureau par les cornes et se demande : « En quoi mon âme avait-elle besoin de vivre cette expérience ? Quelle est la blessure sous-jacente à travailler ? Quel est le message que mon âme cherche à me passer ? À travers cette expérience, qu'ai-je à découvrir de ma part d'ombre, à travailler ? »

J'ai vécu moi-même une relation hautement destructrice. J'ai sombré très bas. J'ai connu la nuit noire de l'âme, cette profonde errance où chaque seconde qui passe arrache encore un peu plus ce qu'il reste de notre cœur.

Cette relation m'a démolie. Je ne donnais pas cher de ma peau.

Puis un beau matin, je me suis réveillée et j'étais devenue autre.

J'avais à nouveau retrouvé la foi et j'ai pris des décisions qui m'ont permis de changer ma vie et de sortir de ce que je vivais jusqu'alors.

J'ai décidé que cette histoire m'avait fait un beau cadeau en me démolissant. Grâce à elle, nous avons pu casser ce qui était mal construit et peu stable en moi. Ce qui m'a permis de reconstruire quelque chose de beaucoup plus sécuritaire et fort. Toute démolition est indispensable pour se restructurer et vivre une reconstruction future.

Je voulais être alignée sur mon chemin personnel et les guides m'ont envoyé une expérience de déconstruction pour casser ce qui n'avait plus lieu d'être. Ce qui m'a ensuite permis de me construire authentique, telle que je suis aujourd'hui.

Ainsi, après avoir traversé une période de trois années des plus obscures, j'ai pu me relever et transformer la souffrance en évolution.

L'alchimiste transforme le mercure en or. Voilà aussi ce que font les expériences de la vie. Elles nous permettent de toucher notre ombre, de toucher nos blessures les plus profondes et nous donnent toujours les clés pour transformer cette souffrance en force.

La responsabilisation est une clé fondamentale qui vous permettra toujours de transformer ce qui semble être négatif en quelque chose de très évolutif.

Dans nos sociétés, nous avons cette fâcheuse tendance à reporter la faute sur l'autre, à le rendre responsable de ce que je ressens et de ce qui m'accable : « Ce n'est pas moi, c'est l'autre qui n'est pas assez gentil », « Moi je n'y suis pour rien, il m'a menti… »

En réalité, il convient de reprendre le pouvoir pour se créer la vie que l'on souhaite voir se matérialiser.

La loi de causalité, également appelée loi du karma, nous dit que chaque chose produit un effet et chaque effet à sa cause. Rien ne se produit par hasard. Chaque action s'accompagne d'une conséquence ou d'une réaction. Nous récoltons toujours ce que nous avons semé, que ce soit dans cette vie-ci ou dans les autres vies. Nous aurons toujours la responsabilité de porter les conséquences des actes posés.

Ainsi, si je pense mal, si je suis rempli de colère, ces vibrations qui émanent de moi seront envoyées à l'univers. Et elles me reviendront par la loi de résonance aussi appelée loi d'attraction : on attire ce que l'on vibre.

Dans la loi d'attraction, il est nécessaire de se rappeler que nous sommes tous des êtres vibratoires. Nous émettons tous une fréquence dans l'univers. Et l'univers nous renvoie cette fréquence.

Cette loi de l'univers nous indique que, par la seule force de nos pensées, nous attirons des personnes, des circonstances et des choses dans notre vie. Celles-ci viennent faire écho à ce que nous vivons intérieurement

Les énergies positives provoquent des énergies positives. Idem pour les énergies négatives.

Dans ce système très imbriqué, il convient également de parler de la loi de croyance plus connue sous le nom de « loi de la pensée créatrice ».

Tout ce que je pense crée une émotion qui crée elle-même une vibration. Celle-ci sera envoyée à l'univers comme une demande. Ainsi, par la loi d'attraction, l'univers me renvoie la même énergie que celle qui émane de moi.

L'être humain créée ses propres lois suivant ses croyances.

Même si une chose est fausse, notre conviction peut suffire à la rendre vraie à nos yeux et à attirer l'expérience qui la validera.

Si je suis persuadée que je suis nulle et que je n'arriverai jamais à rien, alors j'attirerai exactement la situation qui viendra me conforter dans cette croyance. C'est moi-même qui ai créé cela.

Il convient de faire attention aux croyances limitantes. Je me crée ma propre prison, mes propres chaînes.

Si vous avez bien suivi tout le raisonnement décrit ici, nous allons pouvoir aisément le transposer à la responsabilisation.

Ce que nous vivons intérieurement et ce que nous pensons créent en nous une vibration qui va sortir pour s'exprimer à l'extérieur de nous et nous revenir sous forme d'événements qui font résonance. Ma pensée va modeler mon univers. C'est ma pensée qui crée l'événement.

Tout ce que je vis à l'extérieur émane de moi. J'en suis l'unique source.

Tout ce que je vis dans mon être intérieur : peur, crainte, colère, désir, je le projette à l'extérieur et par les lois décrites plus haut, cela me revient.

Une colère que vous n'exprimez pas et que vous nourrissez est diffusée à l'extérieur. Et lorsque cela touche quelqu'un, cette personne va vous la renvoyer de façon pédagogique pour faire éclater cette colère.

L'autre devient notre reflet. Il vient appuyer sur des boutons, sur des déclencheurs pour nous permettre d'être face à notre propre colère. C'est un moyen pour nous montrer ce que l'on n'a pas voulu voir à l'intérieur.

Il s'agit ici de la loi des correspondances que vous connaissez sûrement sous le nom de la loi de résonance.

La loi des correspondances est une loi qui nous permet de voir nos propres défauts et nos propres qualités projetée sur l'extérieur. Cette loi nous permet de nous connaître à travers l'autre.

L'autre est mon miroir, la situation en face est mon miroir.

La loi des correspondances nous confirme que nous sommes tous reliés, comme nous l'avons vu dans la partie précédente, avec la toile sous-jacente qui baigne toute la création.

Ainsi, dans la responsabilisation, l'autre n'est pas le responsable. Il ne fait qu'appuyer sur mes déclencheurs. Il ne se fait que le miroir de mes propres énergies.

Pour apprendre à se responsabiliser face à sa vie, il convient donc de ne pas regarder en l'autre comme si on voyait un coupable, mais de regarder en l'autre pour y voir notre propre reflet.

Il s'agit donc, dans cette expérience partagée, de recentrer le regard sur soi pour comprendre ce que l'autre me renvoie. Ceci afin de ne plus subir son existence mais de la vivre de manière libre et pédagogique.

Je ne suis pas prisonnier de ce que je suis en train de vivre. J'ai bien compris que j'ai attiré à moi cette expérience qui me permet de comprendre que je dois travailler sur différents points qui me font encore défaut aujourd'hui.

Grâce à cette expérience, je peux enfin prendre la responsabilité de mon évolution. En comprenant que le plein pouvoir de changer les choses réside en moi et que l'autre ne s'est fait que miroir de mon être intérieur. Je suis responsable de ce que je vis et de mes comportements.

Je suis la seule personne à pouvoir agir et faire intervenir le changement.

À l'endroit précis où on a un blocage, où on n'arrive pas à transformer notre vie, on va rendre l'autre responsable. C'est exactement l'endroit où vous devez travailler et prendre votre responsabilité pour transformer votre vie.

Le petit conseil que je vous donne serait de se poser tous les jours ces questions simples : « quelles sont mes responsabilités ? Et si dans cette situation j'avais une responsabilité, qu'est-ce que ça changerait dans ma vie ? »

Ce travail de responsabilisation peut se faire en même temps que le travail de pardon.

N'oubliez pas que pendant ces périodes sombres, vos guides sont toujours à vos côtés. Jamais ils ne vous abandonneront et encore moins dans cette période de vie.

Les personnes qui s'incarnent à vos côtés et vous éprouvent dans vos blessures les plus profondes sont des cadeaux de l'univers.

Ma mère m'avait d'ailleurs dit à cette période de ma vie compliquée : « Il te fait un magnifique cadeau, mais tu ne le sais pas encore. »

Aujourd'hui, quand je regarde en arrière et que je vois mon chemin et là où je suis arrivée, je ne peux que remercier mon âme et l'âme de la personne qui a partagé ces expériences avec moi. Du plus profond de mon cœur. Je nous remercie du fond du cœur d'avoir vécu cela car c'est cela qui m'a permis d'être moi-même aujourd'hui.

C'était une des expériences de vie des plus difficiles. Et, paradoxalement, c'était également une des plus belles choses qui me soit arrivée dans la mesure où elle a été la plus évolutive pour moi.

J'ai transcendé l'obscurité en lumière.

Je me suis pardonnée à moi même d'avoir eu besoin d'aller jusqu'à vivre cette expérience pour guérir une blessure. J'ai accepté que l'autre n'était que le reflet de ce que je vibrais.

L'autre est mon miroir et, en ce sens, il n'est pas là pour me faire du mal gratuitement. Mais il répond à ma vibration.

Si je vibre la blessure d'abandon, il m'enverra une expérience qui me permettra de vivre cette blessure en plein cœur. Ceci dans le but de générer un inconfort duquel naîtra le besoin de bouger de cet endroit inconfortable et ainsi transcender la problématique.

En ce sens l'autre n'est pas un bourreau. Il est juste un personnage qui vient toucher du bout du doigt mes blessures et les mets en exergue.

Je dois le remercier de me montrer ces parts de moi.

J'ai l'entière responsabilité de tout ceci. Et il ne tient qu'à nous d'accepter de transformer la douleur en gratitude en faisant preuve de résilience.

La notion de pardon est très intéressante dans ce travail-ci.

Aujourd'hui, si je n'avais qu'un seul mot à dire à cette personne, ce serait Merci à ton âme de m'avoir permis d'évoluer.

Je suis en paix avec notre parcours et je te souhaite la même paix.

En revanche, si l'autre n'est pas en paix, cela ne nous appartient plus. Ce sera à lui de gérer sa colère.

Du point de vue de l'entendement humain, je sais qu'il est parfois difficile d'accepter que « tout est juste et que tout a sa place ». Mais si l'on prend du recul et que l'on pense du point de vue de l'âme, alors, devant chaque épreuve, il conviendrait de se dire « qu'est-ce que cette expérience me permet de travailler ? Devant cette problématique, qu'ai-je à comprendre ? Pourquoi l'univers m'envoie-t-il cette épreuve ? »

Est-ce du karmique ? Ai-je besoin de nettoyer cette relation d'une vie antérieure avec mon voisin ? Et donc, dans ce cas, je dois accepter qu'on me rende la monnaie de ma pièce. Car, dans le karma, il y a toujours un retour à l'envoyeur. Ou bien est-ce une épreuve qui met le doigt sur une faiblesse personnelle ? Et qui me permet de la mettre en lumière afin d'en prendre conscience et de la travailler ?

La vie est pédagogique, nous ne sommes là que pour apprendre. Alors, tâchons de prendre du recul sur nos souffrances afin de nous en libérer un maximum et voir ce que nous apporte cette expérience.

L'ombre est uniquement là pour m'enseigner. L'ombre ne me fait pas du tort volontairement. L'ombre est pédagogique et est une expérience envoyée par l'univers. L'univers n'étant qu'amour, il ne pourrait être autrement que toutes les expériences que je vis ne me sont envoyées que dans le but d'évoluer. Et avec une bienveillance extrême.

Rappelez-vous toujours que l'ombre est votre meilleure alliée. Elle fait partie de l'être humain.

Nous sommes à la fois ombre et lumière. Nous sommes constitués de facettes super chouettes mais aussi de côté beaucoup plus sombres et dont nous sommes moins fiers.

Faites la paix avec cette obscurité. Elle a toute sa place. Il vous faut l'accueillir et la comprendre pour pouvoir la travailler et devenir meilleur.

Sans ombre, nous ne pourrions évoluer.

Mon ombre me permet de voir en moi ce sur quoi je dois travailler pour m'améliorer et devenir meilleur. C'est grâce à mon ombre que je peux me remettre en question et évoluer.

L'ombre est un peu le terreau des graines que nous plantons. Le terreau nous sert à faire pousser nos petites graines. Nous y mettons d'ailleurs en général un peu de fumier pour que cela soit plus fertile. En énergétique, c'est pareil. C'est grâce à l'ombre que nous allons pouvoir développer nos plus belles fleurs et nos plus beaux légumes.

Rappelez-vous aussi toujours, que l'univers est bienveillant. Jamais il ne vous éprouve au-delà de vos forces. Si l'on vous donne cette expérience à affronter, c'est bien que vous en ayez la capacité. Alors, soufflez un bon coup, ancrez-vous à la terre, connectez-vous à votre guide et demandez-lui par où aller, comment faire et quoi comprendre.

Vous verrez les choses sous un aspect totalement différent. Cela vous rendra acteur et vous donnera la dynamique nécessaire pour évoluer avec aisance.

Si cela est vraiment difficile pour vous à travailler et à conceptualiser, je vous invite à vous questionner sur vos blessures d'âmes ; les schémas et croyances dans lesquels vous avez été élevés ; les loyautés transgénérationnelles ou encore les injonctions parentales.

Le chemin du pardon et le chemin de l'acceptation sont deux chemins que l'on ne peut emprunter que lorsque la colère s'est apaisée.

La colère est le signal qu'un besoin est perturbé et nous renvoie à ce qui est douloureux pour nous.

Travaillez vos blessures et, ce faisant, vous pourrez accueillir la colère en vous, la déposer délicatement pour la panser, la soigner.

La colère étant apaisée, vous pourrez commencer à avancer sur le chemin de l'acceptation et le chemin du pardon.

À ce sujet, je vous conseille le merveilleux film de Stuart Hazeldine : le chemin du pardon.

Rappelez-vous également qu'on ne pardonne jamais à l'autre. On ne doit pardonner qu'à une seule personne : nous-même.

Lorsque l'on vit une expérience douloureuse, la victimisation fait que nous rendons l'autre responsable d'être le bourreau. Mais si je prends ma responsabilité sur ce que j'ai vécu, alors je n'ai qu'une seule personne à pardonner, mon âme. Je dois pardonner à mon âme d'avoir eu besoin d'aller jusqu'à vivre quelque chose de difficile pour apprendre.

Mon âme a eu besoin de vivre une épreuve douloureuse et c'est de cette manière-là qu'elle a choisi de vivre l'expérience car elle n'avait pas d'autre possibilité. Elle avait atteint sa limite et elle n'était pas capable de plus. Alors, dans la notion de pardon, il convient de se pardonner à soi-même d'avoir eu besoin d'aller jusque-là pour comprendre. Je me pardonne, je suis doux et indulgent avec moi-même. Je me pardonne d'avoir eu cette limite à ce moment-là. Avec le recul et la personne que je suis aujourd'hui, je serai capable de faire les choses autrement. Alors dans la notion de pardon, il me faut être doux avec moi. Je n'étais pas capable de plus à ce moment précis de ma vie. Pardon à mon âme d'avoir eu besoin de vivre ceci.

Faites-vous confiance. Si vous êtes ici, c'est pour expérimenter et avancer dans votre processus d'évolution. Vous l'avez choisi comme étant la meilleure chose que votre âme puisse vivre pour guérir des vies passées.

Alors, soyez doux et indulgents avec vous-même. Et soyez persuadé que si on vous donne cette problématique à traverser, c'est bien que vous en êtes capable et que vous avez toutes les ressources en vous pour y faire face.

L'incarnation me sert comme une grande cour de récréation.

L'incarnation n'a qu'un but : expérimenter des problématiques pour que l'âme évolue.

Y a-t-il des âmes pour lesquelles ce chemin est plus facile ? Pourquoi certaines âmes y arrivent-elles plus facilement que d'autres ?

2. Vieilles âmes et âmes juvéniles

On me pose souvent la question de ce que signifie être une vieille âme et comment la reconnaître ?

Il y a des âmes novices. Qui sont encore très puériles. Qui ne se sont pas encore beaucoup incarnées. Et qui ont besoin de s'incarner plus souvent pour pouvoir vivre d'autres expériences qui leur permettront d'évoluer et donc d'augmenter leurs vibrations.

Ce sont en général des incarnations plus matérielles, moins spirituelles.

Pour ces âmes, le chemin de pardon et d'acceptation peut être plus difficile à intégrer étant donné qu'elles n'ont que peu d'expériences en la matière. Elles vont donc être plus à même de vivre des incarnations plus difficiles matériellement parlant.

Et il y a des âmes plus expérimentées. Celles que l'on appelle les vieilles âmes et qui baignent la création depuis la nuit des temps. Ce sont des âmes qui se sont beaucoup incarnées et qui ont donc déjà résolu pas mal de leurs problématiques. Elles ont donc, en ce sens, besoin de s'incarner moins souvent car elles ont déjà pu évoluer et atteindre une belle vibration.

Ce sont en général des âmes sages ; des ermites ; des personnes qui incarnent la paix, la spiritualité et qui ont un sens profond de la valeur de toute chose.

Ces âmes-là s'incarnent beaucoup moins souvent qu'au début de leur processus d'évolution. Et leur incarnation est assez fluide. Elles vivent tout de même des grosses problématiques de travail mais elles ont une grande capacité à passer les obstacles avec une belle aisance.

Quel est le processus qui s'active pour que l'âme quitte les plans de lumière et vienne s'incarner sur Terre ?

3. Ralentir sa vibration pour expérimenter la matière

Lorsque je m'incarne, mon âme va devoir ralentir sa vibration pour pouvoir descendre sur Terre.

D'une vibration très élevée sur les plans de lumière, l'âme va se retrouver à baisser sa fréquence et elle va atteindre une fréquence vibratoire moyenne en arrivant dans l'incarnation terrestre.

Avant de s'incarner dans la cellule de l'embryon qui sera mon corps, l'âme sera déjà autour de sa mère pendant les quelques semaines/mois qui précèdent sa vie embryonnaire. On dit que l'âme est déjà auprès de ses parents environ 9 mois avant sa conception matérielle.

En séance, il m'arrive souvent de voir des âmes graviter autour d'une femme, prêtes à s'incarner.

C'est très beau à voir. Je me sens toujours privilégiée de savoir qu'une femme sera enceinte avant même qu'elle ne le sache elle-même. C'est un peu comme si je détenais un secret exclusif. Comme s'il m'était donné la primeur de cette nouvelle incroyable d'une prochaine vie.

Lorsque je m'incarne, à la seconde où je signe le contrat et que mon âme décide de ralentir sa vibration pour descendre sur Terre pour s'incarner dans un embryon, je perds au fur et à mesure du processus de gestation la conscience de la lumière.

Il serait beaucoup trop difficile d'accepter l'incarnation dans la matière si l'on se souvenait du bonheur d'être une âme sur les plans de lumière.

On aurait beaucoup de difficulté à rester ancré sur Terre, naviguant à travers les obstacles, en sachant que de l'autre côté du voile, c'est le bonheur absolu.

Personne ne resterait sur Terre en conscience, à vivre des expériences désagréables, s'il se souvenait que de l'autre côté, tout est simple.

Ainsi, lorsque je m'incarne, je vais perdre petit à petit durant la grossesse, la connaissance de la spiritualité. C'est comme si on me faisait un reset complet pour que je puisse m'incarner à 100 % en étant comme lobotomisé.

Si vous avez bien suivi le raisonnement jusqu'ici, vous me direz très certainement : « Si je viens sur Terre pour travailler des problématiques choisies sur les plans de lumière et que, lorsque je m'incarne, j'oublie littéralement mes problématiques de travail, alors comment pourrais-je les travailler si je les ai oubliées ? Et c'est là qu'interviennent les puissances d'accompagnement.

Rentrons donc enfin dans ce merveilleux sujet que sont les puissances d'accompagnement !

Qui sont les puissances qui accompagnent mon incarnation ?

CHAPITRE 2

Les Puissances d'Accompagnement

Chaque âme qui s'incarne va avoir auprès d'elle des puissances qui vont la guider, l'épauler, la protéger pendant son incarnation.

C'est une bonne nouvelle de savoir que nous sommes parfaitement accompagnés pour faire face à nos problématiques d'incarnation.

Lors de notre incarnation, nous nous incarnons toujours avec des âmes amies et des personnes de notre famille d'âme.

1. Les âmes amies

L'incarnation est un choix qui suppose beaucoup de difficultés. L'âme va devoir ralentir sa vibration et accepter de vivre des émotions, sensations, vibrations et expériences lourdes. Ainsi, avant de nous incarner, lorsque nous sommes sur les plans de lumière, nos âmes amies, avec qui nous partageons les plans de lumière, peuvent décider de s'incarner à nos côtés si elles savent que nous aurons besoin d'un soutien.

Ainsi lorsque nous nous incarnons, elles peuvent décider de s'incarner avant nous, en même temps que nous, ou après nous.

Rappelez-vous, que sur les plans de lumière la notion de temps n'existe pas telle que nous l'abordons dans la matière.

Cela signifie que toutes les âmes qui vivent avec nous dans notre famille proche sont des âmes avec qui j'ai décidé de m'incarner. Elles ont, elles aussi, décidé de s'incarner avec moi. Elles ont fait ce choix parce que nous savions que nous incarner ensemble serait la meilleure chose à faire compte tenu des missions d'évolution que nous sommes venues travailler ensemble.

D'ailleurs, nous nous incarnons toujours dans la bonne famille. Avec les bonnes problématiques, la bonne vie, les bons frères et sœurs. Tout ce dont notre âme a besoin pour évoluer.

Mon fils de 7 ans me disait il y a quelques mois « Maman, on a eu trop de bol, on a eu pile les bons parents ». Et pourtant, croyez-moi qu'il m'arrive de me fâcher avec lui. Mais il a senti au fond de son âme que tout était juste et qu'il avait choisi les parents parfaits pour vivre et travailler les problématiques d'évolution dont son âme a besoin.

Ces âmes amies qui s'incarnent avec nous pour nous aider et nous accompagner peuvent prendre des formes diverses et variées : votre sœur, votre voisine, votre maîtresse d'école. Mais aussi une meilleure amie, ou une de ces personnes que vous rencontrez dans votre vie en vous disant « Je connais cette personne, je ne sais pas d'où mais je la connais ». Il s'agit en réalité d'une âme amie que vous connaissez d'autres vies et qui vient vous toucher dans cette connexion que vous avez eue par le passé ensemble.

Il y a aussi des âmes qui vont jalonner votre parcours dans des contextes et des situations totalement différentes.

Voici deux exemples d'incarnation simultanée avec des âmes amies.

J'ai vécu pendant les 25 premières années de ma vie en France, à la frontière belge. Dans mon parcours scolaire j'ai donc pu faire mes études d'infirmière en Belgique.

Lors de mes études, j'ai rencontré un couple d'étudiants qui était dans la même école que moi et avec qui j'ai effectué un stage. Ce couple me marquait.

Je ne savais pas le définir mais je ressentais une connexion, bien que nous ne nous parlions pas.

Ils ne savaient même pas que j'existais.

À cette période de ma vie j'étais très introvertie et timide.

Lorsqu'ils étaient là, j'étais comme captivée par leur présence, par leur gentillesse et par la joie de vivre qu'ils dégageaient.

En réalité, ils étaient tout ce que je n 'étais pas. J'étais célibataire, mal dans ma peau. Je supportais mal la séparation de mes parents, je ne trouvais pas de but à ma vie et j'avais beaucoup de mal à être à l'aise dans mon corps.

Qui plus est, je commençais à en avoir marre de ces études. Elles me pesaient trop et je ne me voyais pas travailler en service de soins.

J'étais l'ombre et ils étaient la lumière.

Quelques années plus tard, alors que j'habite en Belgique, je scolarise mon deuxième fils à l'école du quartier.

Alors qu'ils ne sont que neuf élèves à faire leur rentrée en classe d'accueil cette année-là, je me rends vite compte que ce couple que je connaissais de mes études à une petite fille qui est dans la classe de mon fils. Je m'étonne de cette reconnexion et je prends conscience qu'ils me rappellent amèrement la personne que j'étais à ce moment de vie.

Les années passent. On se croise poliment et on se contente de se dire un agréable et aimable « bonjour ».

Puis, petit à petit, la relation se fait plus soutenue, plus fréquente, plus intense.

Et lors d'une discussion, je leur rappelle que nous faisions les mêmes études. Sans aucun étonnement, eux, n'avaient aucun souvenir de moi.

Et, petit à petit toujours, notre amitié s'est construite.

Aujourd'hui, ce couple est devenu un couple d'amis sincères, très proches de nous, avec qui nous partageons beaucoup de moments forts de nos vies respectives ? Notre fils a même choisi notre amie pour devenir sa marraine.

Je trouve cette connexion magnifique.

Dix ans auparavant, je savais qu'il y avait quelque chose entre eux et moi. Mais, à l'époque, je ne correspondais pas à leur vibration. J'étais perdue et eux étaient solaires.

Quelques années plus tard, cette reconnexion nous a permis de nous retrouver et mon évolution personnelle m'a permis d'entrer en lien avec leur énergie solaire.

Aujourd'hui, avoir ce couple d'amis dans nos vies nous donne énormément d'énergie positive.

Ils nous montrent des chemins que nous ne connaissions que peu.

Ils nous aident, sans le savoir, à construire un couple plus solide, à l'image du leur.

Et ils nous enseignent la joie et le partage.

Dès que je pense à eux, mon cœur se remplit de joie et de sourire. Et je me dis qu'on devrait tous avoir une Amandine et un Jéjé (prononcé Zézé) dans nos vies.

Ce sont les meilleurs thérapeutes, les meilleurs remèdes pour adoucir la vie

Merci les amis !

Nous avons dû prendre l'engagement sur les plans de lumière d'être là les uns pour les autres. La première tentative de connexion a échoué, libre arbitre, et la situation nous a été présentée une seconde fois pour que nous puissions créer ce lien sur Terre. Chemin que nous avions décidé de prendre lorsque nous étions encore tous sur les plans de lumière.

À ce sujet, j'ai encore un magnifique exemple d'incarnation simultanée avec une âme amie.

Je suis née le 8 décembre 1987 à Tourcoing, dans le nord de la France.

Le 13 décembre 1987 naissait à plus de huit cents kilomètres de moi, une autre âme du nom de Coralie.

Rien ne nous prédestinait à nous rencontrer et pourtant, en nous incarnant, nous nous étions fait la promesse de s'incarner l'une à côté de l'autre pour nous épauler.

Un beau jour de juillet 1998, mes parents décident de déménager en Lozère, département le moins peuplé de France. Nous voilà catapultés dans le charmant et minuscule village de Barjac.

Dans les campagnes lozériennes, les collèges sont loin des villages. Les jeunes du village vont donc au collège via le ramassage scolaire.

Tous s'amassent au même endroit et prennent donc le même bus tous les matins.

Et c'est là qu'a lieu la première rencontre entre cette âme amie et moi-même.

Puis le hasard continue à bien organiser les choses. Il se trouve que nous nous retrouvons dans le même collège, et dans la même classe.

Notre amitié se lie.

Nous sommes toutes les deux pleines de casseroles.

L'adolescence n'est pas aisée mais quelque chose d'incroyable se tisse entre elle et moi.

Une sorte de connexion fluide, naturelle, une évidence.

Deux ans après, nous retournons vivre dans la métropole Lilloise et nous gardons comme l'on peut le contact.

Finalement, les événements de la vie nous ont fait prendre trop de distance pour continuer à entretenir cette relation.

Pendant quelques années, nous ne nous donnons aucune nouvelle.

Je ne saurais pas vous expliquer comment nous avons repris contact mais, aux alentours de la naissance de mon premier fils, nos relations sont devenues de plus en plus fréquentes et notre amitié a repris sa grandeur d'antan. Construisant de jours en jours des liens de plus en plus solides partageant, malgré la distance, toutes les épreuves que la vie met sur nos chemins respectifs.

Et aujourd'hui, notre amitié est plus que solide.

Je pense souvent à ce que serait ma vie si je n'avais pas avec moi cette âme qui me soutient, qui me comprend, qui m'écoute, qui me fait rire, qui m'accueille.

Et je sais que l'inverse est vrai.

Parfois il arrive que nous ayons besoin de distance. Nous ne nous parlons plus pendant quelques mois, pour ensuite reprendre comme si de rien n'était.

J'aime appeler cette personne mon âme sœur. C'est une âme qui a accepté de s'incarner avec moi pour m'épauler, pour être mon soutien, pour être celle qui connaît mon essence et avec qui les choses se vivent en profondeur.

Quel merveilleux cadeau nous nous sommes faits toutes les deux de se donner un compagnon de route.

Ces connexions-là nous aident dans notre incarnation à ne pas nous endormir, à transcender les épreuves. Elles servent de soutien et d'aide quand tout semble obscur. Mais elles sont aussi là pour faire preuve de légèreté et de rire quand la situation est claire.

En bref, nous ne sommes jamais seuls et nous sommes incarnés dans un système qui fait que nous avons autour de nous les soutiens nécessaires.

En plus de nos âmes amies, nous avons autour de nous des âmes de notre famille d'âme qui nous aident sur le chemin.

2. Les familles d'âmes

La famille d'âme ce sont ces âmes qui font partie de la même famille que vous et qui ont donc la même mission d'âme sur terre.

Nous distinguons 13 familles d'âmes selon Marie Lise Labonté :

La famille des passeurs d'âmes
La famille des guérisseurs
La famille des enseignants
La famille des alchimistes fée
La famille des initiateurs de conscience
La famille des piliers
La famille des mécaniciens
La famille des guerriers
La famille des guerriers guérisseurs
La famille des guérisseurs enseignants
La famille des communicants
La famille des Maîtres
La famille des chamans

Chaque famille a une mission d'âme précise en fonction de sa famille d'appartenance. Il conviendra qu'elle s'incarne en faisant vibrer sa mission d'âme dans sa mission de vie.

La mission d'âme correspond à ce que l'âme vient exprimer et vibrer sur Terre. Elle va venir sur Terre diffuser une énergie de leader, d'enseignant, de guérisseur, d'expert karmique, de communicateur, de libérateur via les passages d'âmes etc…

Sur Terre, l'énergie de ma mission d'âme vient s'exprimer dans ma mission de vie.

Si je vibre l'énergie de l'enseignant dans ma mission de vie, je vais faire en sorte de faire vibrer cette énergie d'enseignant dans les missions de vie que j'expérimente sur Terre.

Il nous appartient d'exprimer notre mission de vie de la manière dont on le souhaite. Il s'agit du libre arbitre.

Je peux être un passeur dans ma mission d'âme et l'exprimer au quotidien dans ma mission de vie via un métier de sage-femme, d'avocat ou de médium.

Pour être bien aligné avec soi et trouver son épanouissement, il convient de faire en sorte que la mission de vie soit empreinte de la mission d'âme. L'énergie de votre mission d'âme doit se retrouver dans ce que vous faites au quotidien afin de vous réaliser personnellement.

Nous avons donc vu que nous avons de merveilleuses puissances d'accompagnement à travers les âmes amies et la famille d'âmes qui s'incarnent à nos côtés. Leur présence dans nos vies est absolument merveilleuse car elles nous enseignent l'évolution, le cheminement personnel tout en étant soutenantes avec nous. Mais il y a aussi d'autres puissances énergétiques qui sont à nos côtés sans jamais nous quitter : on les appelle les guides et les anges.

Nous avons tous une puissance d'accompagnement de type « guide » et une puissance de protection de type « ange ».

Qui sont ces guides spirituels qui bordent notre chemin ?

3. Les guides spirituels

Chaque âme qui s'incarne va avoir auprès d'elle son guide spirituel. Il va l'accompagner durant la totalité de son incarnation.

Notre guide est une puissance énergétique lumineuse, une entité de lumière qui a pour mission de nous guider.

Lui seul se souvient des problématiques que l'on a choisi de travailler. Lui seul est le gardien de notre chemin d'incarnation.

Il sait ce que je dois vivre pour évoluer et sera l'entité lumineuse à mes côtés. Il me le rappellera constamment avec douceur, patience, amour et bienveillance.

Le travail du guide sera d'accompagner, de montrer la voie à notre âme afin qu'elle reste le plus possible sur le chemin qu'elle avait décidé de travailler.

Nos guides principaux sont des puissances vibratoires qui ne s'incarnent jamais et ne s'incarneront jamais. Il ne s'agit donc pas d'un défunt décédé qui prend ce rôle de guide mais bien d'une énergie de guidance à part entière qui a pour unique mission de nous guider personnellement à travers nos incarnations.

Ce guide est à nous. Il nous est attitré et ne nous quitte jamais. Il est toujours à nos côtés pour nous accompagner.

L'énergie de guidance ne vous quitte jamais, il ne s'autorise aucun congé. Ainsi, c'est très rassurant de se dire que je suis toujours parfaitement accompagné tout au long de ma vie. Même si je n'y pense pas, il ne me quitte pas. Et même si je ne le sollicite pas, il travaille quand même avec moi.

L'énergie guide peut décider de prendre un nom s'il ressent que vous avez besoin de matérialiser ce concept.

En réalité, il s'agit juste d'une puissance énergétique. Mais si cela s'avère nécessaire, alors ce guide peut prendre un nom qui correspond à notre référentiel. Et nous pouvons même réussir à le voir physiquement ou l'entendre durant des séances de méditation.

Petit aparté sur le référentiel. Il s'agit de notre système personnel de croyances, ce que nous avons accumulé comme connaissances depuis l'enfance. Si pour vous les fées existent, alors les énergies utiliseront ce référentiel pour vous parler. Si votre enfant a peur des araignées mais qu'il ne croit pas aux fantômes, alors les fantômes pour se manifester utiliseront dans son référentiel ce qui lui fait peur. Et il se lèvera de son lit pour vous dire qu'il a peur d'une araignée imaginaire.

Et comme moi, si pour vous les entités niveau six sont aussi laides que Gollum dans le seigneur des anneaux, alors elles utiliseront notre référentiel et se manifesteront de cette manière.

Revenons aux guides. Certains de mes clients ont des guides qui s'appellent, « grand homme digne », « Gabriel », ou encore « Rosette ». Cela correspond donc à leur besoin de nommer leur guide avec leur référentiel. Il faut que ça leur parle.

Mon guide a un aspect de vieil homme sage. Il porte une barbe blanche, une longue robe blanche ainsi que des sandalettes en cuir marron. Je ne connais pas son nom dans la mesure où, dans ma conception personnelle, je n'ai pas besoin qu'il ait un nom.

Je sais qu'il est là et que nous interagissons beaucoup ensemble et cela me suffit.

Une médium, il y a quelques années, m'avait dit qu'il s'appelait « Gabriel ». Mais j'ai trouvé cela tellement ridicule et cliché dans ma conception que j'ai décidé qu'il ne porterait pas de nom.

Comment pourrait-on donner un nom à une telle énergie ? Lui donner un nom c'est lui mettre une étiquette. Et c'est risquer de passer à côté de tout ce qu'il est réellement.

Leur nom et leur apparence physique ne sert qu'à rassurer notre part mentale qui a besoin de conceptualiser la notion de puissance d'accompagnement. En réalité, les puissances énergétiques ne sont qu'énergie, sans forme humaine. Mais pour se rapprocher de nous et correspondre à nos critères humains, elles peuvent prendre une apparence physique, un nom, une voix.

Pour ma part, et cela est très personnel, mon guide est à ma gauche. Il est en retrait, derrière mon épaule gauche. Et lorsque quelqu'un me parle à gauche, alors je sais qu'il s'agit de l'énergie de guidance.

À vous d'expérimenter et de comprendre comment vous fonctionnez ensemble.

D'incarnation en incarnation, nous gardons le même guide.

Il peut arriver que nous demandions à changer de guide lors d'une incarnation et à rompre le contrat temporairement avec notre guide au profit d'un autre.

Nos guides nous montrent la voie de ce qui est bon pour nous au quotidien au travers de ce que l'on appelle les signes et synchronicités. Ou encore les intuitions.

Ils nous soufflent des messages, des idées. Ils nous mettent de joyeux hasards sur notre route afin de nous aiguiller vers ce que l'on avait choisi de vivre et de travailler.

Rappelez-vous que même si votre guide vous dit d'aller à gauche et que vous voulez aller à droite, vous avez toujours votre libre arbitre. C'est à dire votre capacité à choisir pour vous et par vous. Et vous êtes totalement libres de faire ou d'aller là où vous voulez en faisant abstraction de ce que les guides vous envoient.

Votre guide vous laissera toujours faire ce que vous souhaitez. Les guides sont d'une patience exemplaire et d'un amour infini. Ils vont nous laisser prendre d'autres routes, emprunter d'autres chemins car ils savent qu'il est bon pour nous de faire nos expériences et de nous tromper. C'est en se trompant que l'on apprend.

Vous finirez toujours par aller là où vous êtes attendus.

En février 2021, mon mari ne cessait de me dire « Écris un livre ! Écris un livre ! ». En séance avec Berengère Musard en mars 2021, elle me balance « Écris ! ». Et moi, j'ai choisi à ce moment-là d'utiliser mon libre arbitre et de ne pas monter ce projet d'écriture tout de suite. Il a fallu attendre novembre 2021 pour que, enfin, je me sente prête.

Et je peux vous garantir que mon guide ne m'a pas sermonnée de ne pas l'avoir écouté. Il a fait preuve de patience. Il m'a envoyé plein de petits signes qui convergeaient dans ce sens, me permettant de nourrir ma réflexion à ce sujet et de construire une confiance qui m'a permis de prendre la plume lorsque je me suis sentie suffisamment prête.

Ils nous guident toujours à notre rythme et avec une bienveillance et une patience exemplaire.

N'hésitez pas à les solliciter, à créer des relations conscientes avec eux.

Demandez-leur leur avis. Demandez-leur de vous aiguiller, de vous envoyer des réponses via des signes. Ils se feront un plaisir de le faire et de vous répéter parfois cinquante fois la même réponse si cela est nécessaire.

Pour évoquer la patience des guides, j'aime raconter cette histoire très personnelle. Elle est un exemple tellement incroyable du concept que les choses nous trouvent quand elles doivent nous trouver.

Quand quelque chose est destiné à te trouver, tout l'univers conspire à sa réalisation.

Cette anecdote concerne la rencontre avec mon cher mari.

Juillet 2012. Alors que je vis de grands changements dans ma vie, s'ouvrent devant moi de nouvelles possibilités.

Mon cousin me propose une sortie entre amis que j'accepte mais finalement, le sommeil gagne la partie et je ne vais à cette soirée.

Quelques jours plus tard, il me propose à nouveau quelque chose que j'accepte mais cela n'aboutit pas.

Quelques jours plus tard encore, il me propose de tenir la caisse dans une soirée. J'accepte et cette fois ci, j'y vais.

Une fois mon travail du soir terminé, je rencontre l'organisateur avec qui j'échange quelques mots dans cette atmosphère très bruyante.

À l'instant où il me parle, sa voix va se nicher dans le creux de mon oreille droite et le monde s'est arrêté de tourner, comme dans les films.

Nous n'étions plus que lui et moi sur Terre avec ce sentiment qu'elle tourne au ralenti.

Ce qui se passe dans ce fragment de seconde, c'est que je ressens sa voix parcourir un chemin d'amour de mon oreille jusqu'au plus profond de mon cœur.

C'est inexplicable. Presque comme si le trajet qu'avait pris sa voix entre mon oreille et mon cœur s'était rempli de velours et de lumière. Comme si ce chemin venait de faire la connexion entre lui et moi. Comme si sa voix s'était frayé un chemin jusqu'à mon cœur. Je me sens à la maison, dans mon foyer.

À cet instant magique et perturbant, j'entends en parallèle dans ma tête pour la première fois aussi fort et très distinctement « Tu peux t'arrêter, c'est lui ».

Je comprends immédiatement le message envoyé. J'ai trouvé l'homme de ma vie, celui qui sera mon tétris.

Mais « libre arbitre », à ce moment de ma vie, j'ai besoin de vivre d'autres expériences et je décide de prendre un autre chemin.

Nous nous recroisons régulièrement dans les mois qui suivent mais je ne suis pas suffisamment disponible pour aller vers ce chemin bien que cela me titille à chaque fois.

Sa présence provoque quelque chose de profond en moi, d'inexplicable. Mais je refoule.

Dans cette période, je vis des expériences très superficielles.

Elles permettent à mon âme de revivre après la période difficile que je viens de traverser et où ma petite flamme interne s'était presque éteinte.

Pourtant l'univers garde patience et continue à me présenter la même situation. C'est à dire que sans chercher à le revoir, et alors que mon esprit est focalisé sur autre chose, l'univers continue à me mettre dans la même situation. Sans me forcer. Sans me crier dessus. Sans exiger quoi que ce soit de moi. L'univers attend patiemment que je comprenne.

Je peux vous dire qu'ils ont utilisé des stratagèmes plutôt ingénieux pour m'aider à comprendre que ce chemin serait le bon pour moi. Mais jamais ô grand jamais l'univers ne m'a grondée ou forcée à aller vers un chemin. Il m'a simplement montré celui qui serait bon pour moi et a patiemment attendu que je sois prête.

La fin de l'histoire est, elle aussi, remplie d'énormes signes de l'univers. Ces signes nous ont permis de nous trouver pour de bon et de ne plus jamais nous quitter.

J'ai mis du temps mais j'ai fini par écouter ce que mon guide me disait. Et j'ai accepté la voie qu'il me montrait.

Cet événement a été un immense révélateur pour moi. Tant au niveau spirituel – parce qu'il m'a permis de m'ouvrir très clairement à la magie de l'univers – mais aussi au niveau personnel. Grâce à cette expérience, j'ai pu rencontrer l'une des plus belles âmes qu'il m'ait été donné de rencontrer sur Terre. Et je lui en suis tellement reconnaissante.

Cet exemple exprime avec beaucoup de bienveillance que, lors de l'incarnation, nous avons cette magnifique puissance guide qui va œuvrer pour nous accompagner sur notre chemin. Elle va continuellement nous pousser vers ce que l'on appelle la mission d'incarnation, afin que nous réalisions les objectifs d'évolution pris avant de nous incarner.

Les guides secondaires

Il existe aussi des énergies de guidance de type guides secondaires.

Il s'agit de toutes ces âmes qui se sont incarnées avec vous dans cette vie ou dans d'autres et qui sont aujourd'hui sur les plans de lumière. Cela peut être votre grand-mère ; votre arrière-grand-père ; votre marraine de la vie précédente ; votre enfant perdu. Ou parfois même votre animal de compagnie décédé. Ces guides ne sont pas des puissances constamment présentes.

Rappelez-vous, lorsque nous sommes sur les plans de lumière, nous continuons à travailler notre évolution. Nous sommes donc bien occupés.

Nos défunts lumineux, lorsqu'ils interviennent en tant que puissance d'accompagnement, c'est qu'ils sentent que vous avez besoin d'un petit coup de pouce de la part d'un proche. Que de ressentir l'odeur de la pipe de papi ou d'entendre la douce voix de mamie vous sera d'un grand réconfort.

Laissez-les toujours venir à vous spontanément et naturellement.

Il n'est pas bon ni sain de les appeler à outrance, laissez-les venir lorsqu'ils estiment cela nécessaire. Ils seront toujours plus objectifs que vous ne l'êtes.

À côté de cette puissance guide, qui est la puissance d'accompagnement, nous retrouvons de l'autre coté la puissance ange.

Qui sont ces anges qui me protègent au quotidien ?

4. Les Anges gardiens

Chaque âme qui vient sur Terre vient a avec elle une énergie de type ange qui lui est attitrée.

Nous avons tous à nos côtés une puissance ange qui a pour mission de veiller à notre protection.

Cette puissance ange est une puissance personnelle qui, comme la puissance guide, est constamment avec nous à veiller à notre protection physique, énergétique et spirituelle.

Notre ange gardien est avec nous trois cent soixante-cinq jours par an, sept jours sur sept et vingt-quatre heures sur vingt-quatre, tout comme notre guide. Ce sont deux puissances énergétiques qui ne nous quittent jamais. Elles sont toujours avec nous.

La mission de l'ange gardien est de veiller à notre protection physique, énergétique et spirituelle.

N'avez-vous jamais failli avoir un accident, et vous vous êtes dit : « Je suis passé à ça, en mesurant avec vos doigts l'espace de quelques centimètres » ? Le « ça », c'était votre ange. Il savait qu'il n'était pas bon pour vous d'avoir cet accident ou d'être blessé et il a agi en protection sur votre corps physique.

La puissance angélique agit pour vous, même si vous ne lui demandez pas. Si votre ange juge qu'il faut vous protéger d'une chose importante, il agira même si vous n'en faites pas la demande.

Il y a une dizaine d'années, je roule à vive allure sur une route au beau milieu de la nuit. Je vois le feu au loin qui passe au vert, je ralentis légèrement mon allure pour anticiper le carrefour qui arrive.

Je vois au loin une voiture arriver dans le sens inverse et je la vois mettre son clignotant.

Je me rends compte que cette voiture ne m'a pas vue. Et qu'il y a de fortes chances pour qu'elle me rentre dedans.

Je réduis ma vitesse, mais malheureusement le choc a lieu.

La voilà qui tourne et qui me percute de plein fouet sur l'aile avant gauche.

La puissance du choc envoie ma voiture droite en direction d'un pylône électrique en pierre.

Je vois l'impact arriver et pourtant à cet instant précis, je ferme les yeux. Je me prépare au choc. Lorsque j'ouvre les yeux, l'impact a eu lieu et pourtant je ne l'ai pas senti.

Ma voiture est plantée dans le pylône. L'intérieur de ma voiture a littéralement vécu l'impact, tout est sens dessus dessous dans l'habitacle.

Par contre, moi, au moment où je vois le poteau, que je me rends compte que je vais droit dedans, je ferme les yeux. Et là, j'ai la sensation que l'on m'englobe avec des bras énormes en coussin. Que je suis exfiltrée de la voiture, ne ressentant l'impact à aucun moment.

Quand je rouvre les yeux et que je constate les dégâts dans la voiture, je suis très étonnée d'être vivante. Et de n'avoir aucune égratignure quand je vois dans quel état se retrouve ma voiture.

Quelques jours plus tard, je dirai même de manière légère et anodine que « je dois avoir un ange gardien », et je ne pensais pas si bien dire.

La puissance ange, c'est aussi celle qui veille à votre sécurité énergétique et qui fait que jamais vous ne serez confronté à quelque chose que vous ne sauriez tolérer.

L'univers est bienveillant. Jamais il ne vous mettra en face d'une situation que vous ne sauriez transcender.

Toutes les énergies et expériences qui viennent à vous sont des énergies et expériences auxquelles vous êtes capables de faire face. L'univers pose des montagnes en face de vous mais vous êtes à cent pour cent capable de les franchir. Et en plus de cela, il vous donne les ressources et outils pour gravir ces montagnes.

La puissance ange est donc aussi cette puissance de protection énergétique.

Lorsque j'évoque la puissance angélique, il m'est souvent posé une question :

Pourquoi l'ange n'intervient-il pas lorsque l'on est gravement blessé ? Ou lorsque l'on subit une agression ?

La question est très intéressante et je répondrai en 3 points :

La première chose que j'ai envie de vous partager, c'est que l'univers vous protège constamment. Il est sans arrêt en train d'empêcher les boulets de canon de vous parvenir. Mais il arrive parfois qu'il en retienne cinquante en même temps et que l'un d'entre eux arrive à passer.

Pourriez-vous vraiment blâmer l'univers d'avoir laissé passer un boulet quand il en arrête 49 autres ?

L'univers fait tout ce qu'il peut.

L'être humain a tendance à focaliser sur ce qui est négatif plutôt que sur ce qui est positif.

Ne vaudrait-il mieux pas dire : merci pour les 49 boulets que tu as retenus. Et je me débrouille avec celui qui est passé, je gère ! Merci.

Le deuxième point est que l'univers peut vous aider en fonction de ce que vous lui donnez comme possibilité. On dit toujours « Aide-toi et le ciel t'aidera ».

Si vous avez une hygiène énergétique déplorable, vous ne pouvez pas attendre de l'univers de palier à vos manquements personnels. L'univers vous aidera dans la mesure de la possibilité que vous lui donnerez.

Si vous allez faire du saut à l'élastique sans élastique, votre ange ne pourra rien pour vous. Et de la même manière, si vous pratiquez des rites sataniques à outrance et consommez des substances interdites sans penser à votre hygiène énergétique, votre ange sera bien démuni et ne pourra rien pour vous.

Cette protection est liée à la protection que vous vous accordez à vous-même. Élevez vos vibrations et c'est ainsi que vous serez le mieux protégé.

L'hygiène énergétique, c'est comme votre propre bouclier énergétique. C'est à vous de le façonner et c'est à vous de l'entretenir pour qu'il produise son effet.

À vous d'accorder une importance particulière à votre qualité de vie physique : alimentation, hydratation, sommeil, hygiène corporelle. Prendre soin de son corps, le respecter, faire du sport, de la méditation et avoir un bon ancrage.

À vous d'éviter les pratiques à risques : alcool, drogue, cigarette, addictions, boite de nuit, musique, oiuja, spiritisme, films d'horreur, secte, médicaments qui agissent sur la conscience.

Il convient également de prêter attention à votre qualité de vie émotionnelle et énergétique :

Qualité de pensée, ruminations mentales, taux vibratoire, travail sur sa part d'ombre, conscientisation, responsabilisation, ancrage, maîtrise des émotions, acceptation des événements de la vie, lâcher prise, confiance, autonomie, respect de soi, positionnement.

Le troisième point serait que parfois l'univers nous envoie des tuiles parce que vivre cette tuile est nécessaire et juste pour mon évolution. Et qu'il me faut vivre une expérience douloureuse pour évoluer.

5. Signes et synchronicités

Vos guides et anges se manifestent au quotidien même si vous n'en avez pas conscience. Ils sont là et vous parlent.

Ils vous envoient des signes et des synchronicités.

Si vous avez besoin de vous rassurer sur le fait que ce sont des signes et des synchronicités vous pouvez compter sur trois petites indications :

1. Les signes et synchronicités provoquent toujours une émotion.
2. Ils sont toujours inattendus.
3. Ils répondent à une réflexion personnelle et donnent des réponses.

Ils vous parlent au quotidien à travers ce que l'on appelle l'intuition.

Ce choix de robe, ce choix de route que vous prenez aujourd'hui et qui vous a bien servi à éviter les bouchons.

Ils vous envoient constamment des messages à tout moment de la journée pour vous guider, vous encourager, vous réconforter.

Ces messages s'appellent des signes et synchronicités.

Ces petites plumes qui tombent devant vous.

Ces chansons qui passent à la radio au moment où vous montez dans la voiture et qui viennent répondre à un raisonnement intérieur.

Cette vendeuse qui, lorsque vous entrez dans le magasin, prononce une phrase qui vous semble destinée.

Cette personne que vous croisez par hasard et qui vient vous solutionner un problème.

Cette personne qui vous propose son aide alors que vous cherchiez quelqu'un capable de vous donner un coup de main.

Cette carte qui tombe sous votre nez et qui vous permet de solutionner un problème.

Les heures miroirs qui vous parlent.

Ces joyeux hasards qui n'en sont jamais. On emploie souvent le mot hasard pour décrire les rendez-vous qui sont provoqués par nos guides, par nos anges afin de nous aider à alléger nos problématiques.

J'ai encore un bel exemple à vous partager.

Une fois mon livre écrit et corrigé, il me restait la partie mise en page-édition et couverture qui reposait sur mes épaules dans la mesure où j'ai choisi l'auto-édition. Sauf que, clairement, ce ne sont pas des choses pour lesquelles je suis bonne. Faute de comprendre ce que je devais faire, j'ai abandonné mon livre pendant plus d'un mois. Et puis un beau jour une amie m'envoie un message pour prendre de mes nouvelles et me dit « Pour ton livre si besoin n'hésite pas à contacter mon mari qui est dans l'édition ». Son message me parvient et je le mets de côté, ne pensant plus à sortir mon livre.

Quelques jours plus tard, alors que je dis à mes guides « J'ai besoin d'aide pour faire avancer le projet », mon guide me répond : « Souviens-toi, on t'a envoyé quelqu'un ». Alors, à ce moment, je me souviens du message de mon amie Laurence, qui me propose l'aide de son mari. Je vais voir sur son site internet et je me rends compte qu'il fait exactement ce dont j'ai besoin, de la mise en page.

Les guides avaient mis sur mon chemin ce curieux hasard qui m'a grandement permis de débloquer la situation. Merci encore à tous les deux, Laurence et Grégory.

Les guides et les anges passent aussi par le canal de l'intuition.

Ce sont aussi nos idées qui viennent en tête tout à coup et qui sonnent comme une évidence, une option à laquelle nous n'avions pas pensé et qui permet de fluidifier une problématique.

N'avez-vous jamais remarqué que lorsque votre mental est occupé, cela laisse libre champ à l'intuition pour s'ouvrir. Et cela vous permet d'explorer des idées que vous n'auriez pas pu imaginer avec le mental.

Lorsque vous cuisinez, lorsque vous faites la vaisselle, lorsque vous conduisez… Les idées viennent vous éclairer. N'avez-vous jamais remarqué comme parfois une idée, un projet se construit naturellement pendant que vous êtes sous la douche, ou en train de faire la vaisselle ?

C'est d'ailleurs en ayant l'esprit focalisé sur l'écriture de ces lignes que les guides m'ont envoyé le plan du prochain livre à écrire.

Mon mental était occupé, j'ai pu capter avec aisance l'univers.

Ces idées, ce sont vos guides qui vous parlent à travers votre connexion.

Prêtez particulièrement attention aux idées et aux pensées qui vous viennent lorsque vous êtes dans votre salle de bain.

La salle de bain est l'endroit le plus vibratoire de votre lieu de vie.

Lorsque vous venez prendre soin de votre corps physique, l'univers prend soin de votre corps énergétique. Et il vous envoie des soins énergétiques qui vous permettent de vous libérer de certaines choses ou de vous recharger.

De plus, c'est un lieu où l'élément eau est utilisé. On se nettoie des miasmes physiques et énergétiques dans la salle de bain. L'eau est un puissant élément de purification, de nettoyage et de fluidité.

Lorsque vous êtes dans la salle de bain, il arrive fréquemment que les idées vous viennent d'une manière plus claire et limpide. Votre mental est occupé sur son activité de soin physique. Alors la coupe de réception est grande ouverte et prête à recevoir ce que les guides ont à vous envoyer.

Tous les matins, j'aime être seule à la salle de bain parce que c'est un moment de tête à tête avec mes guides. J'ai à cœur de commencer la journée avec ce petit moment de connexion.

Dans ce moment précieux, je reçois les énergies de la journée. Mes guides me disent sur quel type de travail je serai efficace aujourd'hui. Ils m'envoient les informations sur les séances que je vais avoir dans la journée.

Je me souviens avoir eu un matin le mot Ascèse. Je n'avais aucune idée de ce que cela signifiait. Puis j'ai compris, lors de ma première guidance matinale, que ce mot était destiné à la personne que je recevais en séance.

Toutes ces informations sont précieuses car elles nous permettent d'être en phase avec notre propre énergie et nos actes.

Le dimanche, j'aime prendre un long, très long moment dans la salle de bain.

D'ailleurs, petite déjà, je passais un temps incalculable dans ma salle de bain parce que j'adorais l'énergie qui y régnait.

Le dimanche donc, je passe vraiment beaucoup de temps dans la salle de bain à me préparer avec calme, douceur et attention.

Souvent les guides m'envoient à ce moment-là le programme de la journée : aujourd'hui, il serait bon d'aller à la mer ; aujourd'hui, c'est rangement… ou repos.

D'ailleurs, lorsque vous suivez ce que les guides vous envoient, vous serez très surpris de voir à quel point leurs conseils sont justes.

Souvenez-vous du couple d'amis avec qui j'ai fait mes études.

Un samedi après-midi, alors que je termine ma journée de travail, je vais me laver les mains à la salle de bain, et je suis poussée par le fait d'aller nous promener en famille à un endroit précis qui n'est pas proche de chez nous.

Nous y allons. Nous nous promenons et sur le retour, je dis très spontanément à mon mari : « arrête-toi au centre commercial. » Mon mari y va, s'engage dans le parking et se gare naturellement où son instinct le guide.

En sortant de la voiture, je me rends compte que nous sommes garés juste à côté de la voiture de nos amis.

Mon mari doute de moi, il ne retient pas les plaques d'immatriculation. Moi oui.

Nous montons au centre commercial et nous tombons nez à nez avec nos amis qui s'y promenaient et avec qui nous avions décidé de terminer la soirée au restaurant tous ensemble.

Drôle de coïncidence n'est-ce pas ? Moi je préfère croire que si on écoute ce que nous envoient nos guides, cela nous mène toujours vers les situations que l'on a besoin de vivre et qui feront du bien à notre âme.

Gardez en tête que vous avez le droit de solliciter vos guides et vos anges. Ils sont là pour ça et ont les bras remplis de paquets-cadeaux pour vous. Ils n'attendent qu'une chose, vous les offrir. Mais pour ça, il faut que vous le demandiez.

N'hésitez pas à leur demander le matin au réveil, dans la salle de bain ou sur le trajet du travail :

« Pouvez-vous me donner un mot, une image qui sera un signe pour l'énergie de la journée ? »

Demandez-leur dans un moment de détente : « Cher guide, montre-moi comment tu te manifestes à moi » et laissez-les vous surprendre tout en étant bien à l'écoute de votre corps.

Au plus vous allez communiquer avec eux, au plus vous aurez de la facilité à le faire.

N'ayez aucune attente si ce n'est celle de vous amuser.

Vous l'aurez compris votre guide est constamment à vos côtés pour vous aider à comprendre le chemin qui semble le plus adapté à vous. Votre ange va agir en tant que protecteur énergétique, physique. Ce sont des puissances merveilleuses et indispensables. Mais à elles se rajoutent d'autres types d'énergie que vous pouvez solliciter si vous avez besoin d'être guidé, aidé et accompagné.

Comment nos défunts lumineux nous accompagnent-ils ?

6. Les défunts Lumineux

Nos défunts lumineux, ce sont tous les êtres qui nous ont quittés. Qu'ils soient des êtres en lien avec notre incarnation actuelle ou avec nos incarnations passées.

Une fois la mort intervenue, s'il n'y a pas de complication, l'âme remonte sur les plans de lumière où elle va reprendre sa place.

Dans les premiers temps qui entourent le retour à la source, l'âme va devoir vivre une phase de convalescence, également appelée phase soin.

Les anges, les guides, les soigneurs énergétiques vont donner des soins à l'âme afin qu'elle puisse se remettre de l'incarnation qui a mis à mal ses vibrations.

Ainsi, elle va être soignée pour remonter son taux vibratoire à la fréquence des plans de lumière et non plus à la fréquence humaine.

L'âme, une fois totalement rétablie, va pouvoir retrouver ses proches et voyager sur les plans de lumière à la recherche de l'endroit où elle aura envie d'être et qui correspond à sa nouvelle vibration.

N'oubliez pas que, grâce à l'incarnation, l'âme a pu évoluer. Et en ce sens, sa vibration est encore plus élevée que lorsqu'elle a quitté les plans de lumière pour s'incarner.

L'âme va se reposer un certain temps. Elle va profiter des énergies des plans de lumière mais elle va aussi continuer son travail personnel pour continuer à évoluer.

Elle va suivre des mentors. Elle va discuter avec les membres de sa famille qu'elle a retrouvés.

Tout cela se fait dans une dimension d'amour intense.

Nos défunts lumineux sont donc bien occupés. C'est pourquoi je conseille toujours d'éviter de trop les solliciter.

Lorsque nous les sollicitons, ils sont tellement bienveillants qu'ils viennent constamment nous aider. Mais à quel prix.

Pour eux, dans leur nature vibratoire retrouvée, venir nous délivrer un message sur Terre leur demande de ralentir leur vibration pour pouvoir être capté et perçu.

Ce ralentissement de leur vibration provoque des douleurs. Et quand on sait que ces âmes lumineuses ne sont plus censées vivre la douleur, alors est-il légitime de les appeler et de leur faire endurer cela pour nos préoccupations matérielles ? N'est-ce pas égoïste ?

Si vous souhaitez réellement contacter un de vos défunts lumineux, je vous propose de l'aider et de faire une partie du chemin. Il conviendrait d'augmenter votre propre vibration afin que le défunt ait moins de chemin à parcourir jusqu'à vous.

Cela semble plus juste si l'effort est pratiqué des deux côtés mais j'aime aussi dire que nos défunts lumineux sont tellement occupés ; qu'il y a des puissances qui sont bien plus à même de nous aider dans notre quotidien. Dans ces cas-là, vos guides, vos anges sont vos meilleurs alliés.

Lorsque j'ai perdu mon grand-père adoré il y a quelques années, il est venu spontanément délivrer un message à ma grand-mère quelques jours après sa mort. Depuis 6 ans, il nous fait des petits signes à gauche, à droite, par ci, par là. Bien que j'arrive à réaliser sans problème des connexions défunts, je n'ai jamais eu une réelle connexion défunte avec lui, le laissant plutôt me trouver s'il le juge nécessaire. Ainsi, il aime jouer avec les arbres, les fleurs et les arbustes qu'il m'a transmis juste avant de mourir. Il y a quelques temps, en début de printemps, je pensais à lui, à son intonation de voix qui me manquait, à sa bienveillance et son amour pour nous. J'étais triste de son absence ce jour-là.

Le lendemain, alors que je me promène dans le jardin, une couleur vive en ce début de printemps attire mon regard et je me retrouve devant le forsythia qu'il m'a donné avant de quitter ce monde. Et à ma grande surprise, je me rends compte qu'une fleur est ouverte. Dans un premier temps je me dis « déjà en fleur ? », et je m'aperçois que les autres bourgeons sont encore tous bien fermés, bien loin de s'ouvrir. Je me suis dit que mon papi avait sûrement attiré mon attention de cette manière pour créer du réconfort dans mon petit cœur.

Nos puissances anges, guides, défunts lumineux forment la base de la pyramide de la hiérarchie céleste.

Juste au-dessus d'eux, nous retrouverons les énergies angéliques, puis archangéliques et enfin l'énergie des maîtres ascensionnés.

Au plus on monte haut dans la pyramide, au plus on monte en vibration et en puissance.

Voyons qui sont ces énergies ?

7. Les puissances angéliques

De tous temps, sur tous les continents, dans toutes les civilisations, a existé la croyance en des Intelligences Supérieures qui aident les humains lorsque ceux-ci en font la demande.

Ces Intelligences, appelées dans notre Tradition « Anges Gardiens » sont aussi les « Bons Génies » des contes orientaux.

Cette Hiérarchie dans son ensemble constitue 72 niveaux vibratoires ; 72 marches vers Dieu ; 72 manifestations divines ou états de la Conscience Supérieure qui peuvent s'exprimer et se refléter en chacun de vous.

Les anges ont une vibration extrêmement élevée. Ils ont une vibration bien particulière, très subtile, qui sonne, qui tinte.

C'est une énergie très puissante mais aussi très déstabilisante pour nos vibrations terrestres. Elle peut donner parfois l'impression de tournis, d'avoir mal à la tête, d'être ivre. Elle peut provoquer comme une sensation de décalage, ou de forte chaleur.

Ces ressentis, même s'ils paraissent négatifs, sont toujours accompagnés d'un profond sentiment d'amour et de chaleur.

Même si vous avez la tête qui tourne, cela reste agréable.

Chaque ange a une mission, un talent, une fonction, un domaine de prédilection, une identité propre.

On peut les appeler en fonction de l'énergie dont on a besoin. Et ils répondront à votre demande en vous envoyant le secours nécessaire.

Vous pouvez les solliciter pour leur faire des demandes particulières ou lorsque vous avez besoin d'une aide précise.

Ils viennent apporter une aide ponctuelle et une fois leur mission accomplie, ils retournent sur les plans de lumière.

Pensez à les remercier simplement après avoir travaillé avec eux.

Quoi qu'il arrive, et peu importe l'aide dont vous avez besoin, vous n'avez qu'à demander à l'univers de vous envoyer l'énergie la plus parfaite par rapport à ce dont vous avez besoin.

L'univers vous enverra toujours l'énergie la plus adaptée à ce dont vous avez besoin à ce moment précis. Il est donc inutile de retenir chaque nom et chaque mission pour chaque ange. Vous n'avez qu'à demander à l'univers de vous envoyer l'aide la plus appropriée, il entendra votre demande

Au-dessus des anges gardiens, nous allons retrouver les puissances des archanges.

Qui sont-ils ?

8. Les Archanges

La vibration, au-dessus des anges, sera la vibration des archanges.

Vous allez également pouvoir appeler les archanges qui sont de grandes puissances vibratoires.

Les archanges sont de véritables puissances énergétiques avec une force de frappe énorme.

Les trois principaux archanges avec lesquels je travaille de manière personnelle et donc, que je connais le mieux sont Michael, Raphaël, Gabriel.

Gabriel est celui qui annonce, celui qui envoie des informations, celui qui facilite les communications. C'est le messager, celui qui rend fluide toute communication.

Sa couleur dominante est le rose. Son énergie est très douce mais très puissante. Gabriel a une énergie très innocente, très spontanée, très juvénile.

Raphaël est l'archange de la guérison, du soin énergétique ou physique.

N'hésitez pas à le solliciter lorsque vous avez besoin d'une énergie de guérison.

Son énergie se manifeste par la couleur verte, symbole de la guérison par excellence.

En dernier lieu, vous pouvez également appeler Michael qui est l'archange nettoyeur.

Michael de sa couleur mauve est celui qui coupe avec les situations toxiques. Il tranche ce qui n'a plus besoin d'être.

Michael est l'archange que vous pouvez appeler lorsque vous avez besoin de nettoyer une situation, de couper avec une mauvaise habitude, de parfaire un nettoyage de lieux ou d'avoir un peu d'aide pour faire un passage d'âmes.

Pour ceux qui ont la vision, appeler et travailler avec Michael est vraiment quelque chose d'agréable de par son énergie mais également de par sa prestance physique.

Personnellement, je travaille toujours avec Mickaël. Je demande régulièrement son assistance lorsque je suis sur des grosses séances de nettoyages énergétiques. C'est un réel plaisir pour moi de faire appel à son énergie. Je me sens très en phase avec lui étant donné que je suis passeuse. C'est l'archange avec lequel je partage le plus de choses.

Au-dessus des archanges, se trouve la fréquence des maîtres ascensionnés.

Allons découvrir ces puissances.

9. Les maîtres ascensionnés

Les maîtres ascensionnés, ce sont des énergies que j'affectionne très particulièrement tant leur vibration est merveilleuse.

Les maîtres ascensionnés, ce sont des âmes qui ont connu l'incarnation contrairement à toutes les puissances que nous venons de citer juste avant. Et qui, lors de leur incarnation, ont œuvré pour la paix et l'amour. Ils ont eu une mission de vie qui a changé l'humanité.

Après leur incarnation, lorsqu'ils sont retournés sur les plans de lumière, ils ont été accueillis en haut de la hiérarchie céleste tant leur mission d'amour et de paix était grande et a bouleversé l'humanité.

Les voici donc au sommet d'une pyramide avec des capacités énergétiques incroyables.

Protection, guérison, aide, les maîtres ascensionnés ont cette particularité d'avoir connu l'incarnation.

En ce sens ils comprennent très bien comment fonctionne l'Homme, comment fonctionnent les âmes incarnées.

Ainsi, contacter les maîtres ascensionnés, bien que leur vibration soit extrêmement élevée, est assez facile. Dans la mesure où ils connaissent l'incarnation, ils savent par quel biais nous parler. Ils savent à quoi nous sommes sensibles parce qu'ils connaissent l'incarnation.

Ils connaissent également notre langage. Ainsi ils savent nous parler et nous transmettre leur message d'une manière totalement facile bien que leur vibration soit extrêmement élevée.

Citons entre autres Jésus, Marie-Madeleine, Marie, Maître Saint Germain, Mère Teresa, Padre Pio

En plus de leurs capacités énergétiques énormissimes, les maîtres ascensionnés appellent un égrégore très fort de puissance collective de la lumière.

Prenons l'exemple de Marie qui depuis deux mille ans porte l'étiquette de la figure de protection. Depuis deux mille ans, les gens nourrissent cette intention vis-à-vis de Marie. Et grâce à cet égrégore posé sur elle, cela potentialise sa force naturelle. Ce qui fait d'elle une énergie divine.

Petit point sur ce que sont les égrégores.

Les égrégores ce sont des masses énergétiques qui contiennent une pensée, une émotion, une vibration et qui sont alimentés par le collectif.

Pour l'expliquer facilement, j'aime prendre l'image d'un nuage. Réunissez-vous dans une pièce pour faire un travail d'entraide. Vous ferez naître ainsi au-dessus de vos têtes un nuage, un égrégore rempli de la notion de solidarité et de joie. Chaque personne qui entrera dans la pièce pour donner son petit coup de main viendra à son tour alimenter et donc faire gonfler le nuage de sa propre pensée de solidarité.

Ainsi, toute personne entrant dans la pièce avec la même vibration viendra nourrir le nuage/l'égrégore.

Tout comme toute personne présente dans la pièce subira l'énergie de cet égrégore.

Évidemment, il existe des égrégores très positifs.

Et, dans ce cas-là, lorsque nous allons en ces lieux chargés des égrégores positifs, nous sommes extrêmement bien, détendus, à l'aise, confortables.

Mais les égrégores peuvent aussi être négatifs.

Chapitre 3

Les énergies de basses fréquences

Nous venons de voir quelles sont les énergies positives qui baignent notre quotidien et nous accompagnent à chaque instant de notre vie.

Mais, jalonnant notre quotidien, il existe également des énergies plus basses, plus denses, ayant une fréquence vibratoire plus lourde.

Elles ont une influence et un impact sur nos vibrations.

J'aime faire de la spiritualité quelque chose de lumineux. Mais en tant que passeuse d'âmes, et pour être tout à fait complète dans cet ouvrage, je trouve intéressant d'approfondir les différents types d'énergies négatives que l'on peut aussi rencontrer en cheminant sur les voies de la spiritualité.

1. Les égrégores

Dans un premier temps parlons à nouveau des égrégores.

Ce sont ces fameux nuages énergétiques qui transportent une vibration particulière.

Les égrégores peuvent donc être aussi des masses énergétiques qui véhiculent des vibrations négatives.

Négatif ne voulant pas dire méchant, mais bien « lourd en vibration, bas en fréquence ».

Les égrégores peuvent aussi être très lourds dans la mesure où, si nous reprenons notre exemple, si nous sommes tous dans une pièce à ruminer des pensées négatives, nous finirons par créer une masse énergétique négative qui sera ressentie par chaque personne pénétrant dans cet espace.

Prenons l'exemple d'un supermarché où l'égrégore est extrêmement lourd.

Dans ce genre de lieux, chargé très négativement, vous allez très vite être contaminé par la masse énergétique négative qui y est véhiculée, vous êtes poussé à perdre la raison.

C'est un égrégore d'énervement, d'agacement, de perte de bon sens de surconsommation qui vibre dans ces endroits.

Faites l'expérience d'aller dans une église après un enterrement, vous verrez que l'égrégore qui y règne sera dans celui de tristesse.

Pour reprendre un exemple, je parlerai des camps de concentration. Je n'y suis jamais allée, mais rien qu'à y voir des photos, on ressent l'énergie qui y règne. L'égrégore de souffrance et de peur y est toujours présent.

En prenant cet exemple, la transition est toute faite pour vous parler de la mémoire des lieux, aussi appelée la mémoire des sols.

2. La mémoire des lieux

Les lieux sont porteurs d'énergies spécifiques. Les sols, les lieux, vont garder en mémoire toutes les choses qui se sont passées sur le lieu et qui y ont laissé une empreinte énergétique.

Il m'arrive très souvent, lors des nettoyages énergétiques, d'être face à des propriétaires qui me disent que leur maison est neuve, pensant que cela rend la maison « vierge » de toute énergie. Or, cela est totalement faux, dans la mesure où les sols gardent les énergies de ce qu'il s'est passé en ce lieu précis.

J'aime beaucoup rappeler que le monde est monde depuis quelques milliards d'années. Il serait totalement fou de penser que, sur notre petite parcelle de terrain, tout est vierge et que rien ni personne n'a foulé ce sol avant nous.

Dans le nord de la France et en Belgique, on va retrouver facilement des terres qui vibrent des énergies de guerre, de conflit, de batailles – la région ayant longtemps souffert de conflits armés en tout genre.

Ce qui a été vécu sur les sols laisse une charge énergétique sur le lieu. Celui-ci va continuer de vibrer la charge énergétique qu'il a absorbée. Et il n'y a que le fait de le nettoyer énergétiquement qui va permettre de le libérer de la vibration qui y circule.

En terme de mémoire des sols, l'exemple qui me vient est un exemple vécu lors d'un nettoyage chez une de mes amies. Dès que j'étais chez elle, j'avais des notions de baillonnette, d'épée, d'armée type napoléonienne. C'était très puissant et effectivement lorsque j'ai nettoyé son bâtiment, j'y ai nettoyé une mémoire de combat entre deux soldats lors des campagnes de Napoléon. Et pourtant, son bâtiment avait été construit des centaines d'années plus tard. Mais la mémoire de ce conflit vibrait toujours sur le lieu. Aujourd'hui, tout cela a été nettoyé et les maux de tête ne sont plus d'actualité lorsque je me rends chez elle.

Il existe un autre type de mémoire très intéressante que l'on appelle la mémoire des murs.

Rappelez-vous, nous sommes une âme qui a une vibration. La vibration qui émane de nous va aller toucher chaque chose qui nous entoure, le concept du champ, de la toile qui baigne toute la vibration. Ainsi, chaque chose que je vais vivre dans un lieu va être accompagné d'une vibration qui y sera associée.

Si je vis des disputes constantes dans un lieu alors les vibrations de dispute vont petit à petit contaminer les lieux. Si je vis uniquement des énergies positives dans une pièce, une salle de soin énergétique par exemple, alors les énergies qui vont contaminer la pièce seront des énergies très positives.

Pour pallier aux énergies négatives, les murs, les matériaux et meubles présents dans les pièces vont absorber les énergies qu'ils captent pour épurer un maximum l'espace et le rendre le plus sain possible.

Mais les matériaux ont une capacité d'absorption limitée. Ainsi, lorsqu'ils seront pleins, ils vont devoir se nettoyer eux-mêmes et se mettront à rejeter les énergies qu'ils ont accumulées.

Reprenons l'exemple de la pièce dans laquelle vous vous disputez constamment. Les murs absorbent un maximum pour épurer et nettoyer l'espace. Mais les disputes devenant incessantes, les murs ne peuvent plus rien faire et ils vont se mettre à rejeter les énergies de dispute, créant une amplification de vos propres disputes. Finalement, vous divorcez et déménagez. La maison a gardé la mémoire des murs de ces moments difficiles. Arrive dans la maison un couple qui s'entend à merveille. Et petit à petit, ce couple va voir sa relation s'effriter, s'effilocher, les disputes s'amplifier. À travers la mémoire des murs, il est en train de subir l'égrégore présent dans la maison. Ceux-ci rejettent les énergies qu'ils ont accumulées et les nouveaux propriétaires deviennent les réceptacles de ces vibrations négatives.

Cette histoire, je l'ai vécue avec des clients. Finalement, un nettoyage des lieux a permis de tout nettoyer et de tout faire rentrer dans l'ordre.

Le petit conseil est de toujours faire un nettoyage de lieu avant d'entrer dans un logement pour vous éviter de vivre des choses qui ne vous appartiennent pas.

Je vous conseille aussi de nettoyer avec un encens de bonne qualité en résine votre intérieur après une maladie, après une dispute, après avoir été longtemps dans le même espace. Aérez et passez un encens avec l'intention que la fumée de l'encens puisse nettoyer les énergies qui se sont accumulées dans votre lieu de vie ou votre lieu de travail.

D'autres énergies perturbatrices des lieux de vie existent comme tout ce qui incombe au domaine de la géobiologie. À ce sujet, je vous conseille le livre de Lafforest « Ces maisons qui tuent », difficile à trouver mais une vrai pépite.

Parlons à présent d'autres types d'énergies négatives que l'on peut retrouver sur les lieux mais aussi sur les personnes.

3. Les âmes errantes

Il s'agit des âmes errantes, je ne pouvais pas faire ce livre sans parler de mon cœur de métier.

Les âmes errantes sont des entités ayant une vibration basse. Ce sont des âmes qui, au moment de leur mort, ne sont pas passées sur les plans de lumière pour une raison qui leur est propre.

Quand la mort intervient, l'âme se retrouve sur le plan intermédiaire, une sorte de sas énergétique entre les plans terrestres et les plans de lumière. Le plan intermédiaire est un plan énergétique avec une vibration très dense.

L'âme va rester sur le plan intermédiaire pendant quelques jours, le temps de se défaire des corps énergétiques en lien avec l'incarnation, à savoir le corps émotionnel et le corps mental. Une fois ce processus accompli, sous environ 10 jours à 3 semaines, l'âme pourra accéder aux plans de lumière ou choisir de rester sur le plan intermédiaire.

L'âme peut décider de rester sur le plan intermédiaire pour différentes raisons. Peut-être a-t-elle peur de passer de l'autre côté ; peut-être qu'elle ne croit pas à « l'après » ; peut-être souhaite-t-elle rester « proche » des siens pensant leur apporter du réconfort. Ces âmes peuvent aussi rester par désir de vengeance, par colère, par mépris. Ou aussi parce qu'elles ne se sont pas aperçu qu'elles étaient mortes, ce qui peut arriver lors d'une mort traumatique qui arrive subitement. Par exemple lorsqu'une personne fait un arrêt cardiaque, elle peut ne pas prendre conscience de sa mort et errer sur les plans intermédiaires.

Les âmes se retrouvant sur ces plans auront différents niveaux vibratoires avec différentes « capacités » énergétiques.

Certaines se manifesteront à travers des phénomènes énergétiques. D'autres ne feront qu'errer sur certains lieux. D'autres encore penseront continuer leur petite vie n'ayant pas conscience qu'elles sont décédées et certaines se brancheront à l'énergie des vivants pour tenter d'en récupérer un peu.

Dans la plus grande majorité des cas, elles ne voudront pas faire de mal mais juste être vues, entendues, comprises et aidées.

Il peut être nécessaire d'effectuer un nettoyage énergétique quand une âme est présente sur un lieu ou auprès d'une personne.

Si vous avez des phénomènes légers, vous pouvez allumer une bougie et demander à votre équipe lumineuse, votre guide, votre ange, de vous aider à faire passer l'âme qui semble avoir besoin d'aide. Si le nettoyage concerne une personne ou un lieu fortement pollué, je vous conseille de faire appel à un passeur d'âmes expérimenté.

Au sujet des âmes errantes, je vous conseille le film de Chico Xavier, « Nosso Lar » ou encore celui de David Lowery « A ghost story ».

Pour apporter ma pierre à l'édifice, j'approfondirai le thème des âmes errantes, du passage d'âmes et du nettoyage énergétique lors d'un prochain livre consacré à ce sujet.

4. Les mémoires karmiques, transgénérationnelles, cellulaires

En terme de charge énergétique négative, on peut aussi trouver des mémoires énergétiques telles que les mémoires karmiques, les mémoires transgénérationnelles ou encore cellulaires, émotionnelles ou traumatiques.

Les mémoires karmiques

Les mémoires karmiques sont des charges énergétiques de nos vies antérieures qui n'ont pas été solutionnées. Comme elles n'ont pas été nettoyées dans la vie antérieure, elles vont venir se réactiver dans cette vie comme un signal indiquant que l'on a encore quelque chose à soigner.

Par exemple, si vous avez été brûlée vive dans une vie antérieure, il se peut que dans cette vie ci se réactive la mémoire karmique de peur du feu, et que vous soyez transie de peur devant un feu.

Les mémoires transgénérationnelles

La mémoire transgénérationnelle est une mémoire qui vient de nos ancêtres, de notre lignée. Nos ancêtres portent des charges énergétiques en lien avec des us et des coutumes, des croyances, des traumatismes. Si la lignée ne l'a pas nettoyé, alors nous pouvons nous retrouver à porter le poids de ce que nos ancêtres ont véhiculé. Une cliente portait sur ses épaules, par loyauté familiale, le poids de ses ancêtres qui avaient connu des violences faites aux femmes. Elle portait cela comme si elle l'avait vécu elle-même. Il a fallu faire un travail de libération pour la libérer et aussi libérer la lignée. Aujourd'hui, elle va bien et se sent épanouie dans sa féminité.

Les mémoires cellulaires

On peut aussi avoir affaire à des mémoires émotionnelles, traumatiques ou cellulaires.

Ce sont des mémoires en lien avec des événements vécus et ayant laissé une charge négative en nous. Si l'événement n'est pas nettoyé, alors il continuera de vibrer en nous.

Le travail de libération avec un thérapeute est toujours intéressant dans ce cas pour se défaire des poids qui nous pèse.

Voici donc un aperçu des énergies négatives que l'on peut trouver lorsque l'on s'ouvre aux énergies et à la conscience spirituelle.

Ces énergies ne nous veulent aucun mal. J'aime dire que les énergies sont pédagogiques. Elles viennent nous toucher pour que l'on puisse comprendre que nous portons en nous des charges négatives qui demandent à être nettoyées.

Merci donc à toutes ces énergies différentes, qu'elles soient incarnées ou non, d'être à nos côtés pour rendre l'incarnation la plus évolutive possible.

Pour amener mon âme vers la compréhension et l'évolution, dans des dimensions d'amour et de paix absolues.

Merci à nos guides, nos anges et toutes ces puissances d'accompagnement énergétique qui nous aident à transcender les blocages et les épreuves. C'est un soutien merveilleux.

Je terminerai sur quelques lois de l'univers que je tiens à nommer pour vous rappeler que vous avez toutes les cartes en vos mains.

La loi de la gestation ou aussi appelée loi du timing divin. Elle nous apprend qu'il faut être patient. Les choses qui sont destinées à nous trouver nous trouverons toujours au meilleur moment pour nous.

Elle nous dit que toutes les actions, pensées et émotions nécessitent un certain temps avant leur réalisation.

Une période de gestation est nécessaire pour chaque création.

La loi de gestation nous invite à nous montrer patient.

Tout est toujours parfait et tout arrive toujours au bon moment pour nous permettre de travailler nos problématiques d'incarnation.

Alors, lâchez prise, ouvrez grand vos bras dans la notion de confiance et de désir et laissez l'univers vous donner toutes les choses dont vous avez besoin pour évoluer. L'univers ne vous veut pas de mal.

La loi de l'action nous dit que la foi en l'univers doit toujours être accompagnée d'action.

Ayez foi en vous. Ayez foi en l'univers. Ayez foi en l'Humanité. Et accompagnez cette foi de l'action nécessaire.

La loi de l'action nous indique que si nous souhaitons voir nos désirs se réaliser, il va falloir accompagner la foi de l'action adéquate et nécessaire.

La loi de l'action nous sert à obtenir ce que nous désirons sur Terre. Elle se matérialise par les activités que nous engageons pour parvenir à nos objectifs.

Alors, après avoir compris que vous êtes une structure vibratoire qui vient faire l'expérience de l'incarnation sur Terre pour y vivre des expériences parfois difficiles mais toujours évolutives.

Et après avoir bien intégré que l'univers est bienveillant et qu'il nous équipe de façon adéquate grâce à toutes les puissances d'accompagnement présentes sur Terre.

Après avoir compris cela, je ne peux que vous inviter à vous mettre en marche vers vous-même. À vous réaliser et vous épanouir en faisant preuve de résilience tout en étant dans la foi absolue.

Conclusion

À travers ces quelques pages, j'espère avoir pu vous apporter des connaissances plus concrètes. Connaissances sur ce que nous sommes, sur le fonctionnement de l'énergie.

Connaissances sur le fonctionnement du monde dans lequel nous nous sommes incarnés ainsi que sur le fonctionnement du monde énergétique duquel nous sommes issus.

Je suis heureuse d'avoir pu vous transmettre par écrit ce qui fait vibrer mon âme. Ce qui nourrit mon existence et donne un sens à ma vie.

Je vous souhaite que ces connaissances vous apportent le réconfort comme cela a été le cas pour moi lorsque je m'interrogeais sur le sens de la vie.

Elles lui ont donné son sens noble, me permettant de voir d'autres perspectives, d'autres paradigmes. Et de créer une réalité beaucoup plus grande et beaucoup plus belle que celle que je connaissais.

Avec la lecture de ce livre, mon souhait le plus profond est de vous apporter des connaissances qui vous permettront d'être en paix ; de trouver des voies de résilience ; de mieux comprendre la vie et ses enjeux ; de faire la paix avec la souffrance pour comprendre que ce sont des expériences d'évolution. La vie ne vous veut pas de mal. Vous l'avez choisie pour évoluer.

Maintenant c'est à vous d'ouvrir votre cœur et votre âme à ces nouvelles réalités. Pour vous permettre de vous trouver et de vous réaliser.

Je vous envoie, à tous, tout mon Amour. Puissiez-vous le recevoir dans votre cœur comme conclusion à ce livre.

Remerciements

Je ne pourrai clôturer ce livre sans remercier du fond du cœur les personnages centraux de ma vie. Ceux qui ont eu une importance fondamentale et qui m'ont portée, sans le savoir, à devenir celle que je suis aujourd'hui.

Merci à mes enseignants.

Ceux qui, depuis les premières années de ma vie, ont eu ce rôle de me transmettre, de manière consciente ou non consciente, tout ce que je sais aujourd'hui.

Merci à Tatie Anne, ma Maria Montessori à moi ; Monsieur Zemis, magnétiseur ; Géraldine Stevenin, psychologue ; Samia Mebtouche, kinésiologue ; Pierre Yves Steelandt, Tarologue et Astrologue ; Bérengère Musard, mon mentor ; Anne Sophie Esposito, médium.

Vous avez tous été des mentors pour moi, m'enseignant votre sagesse.

Vos enseignements me permettant de mieux me comprendre et d'appréhender différemment ce monde dans lequel je ne me sentais pas à ma place.

Merci d'avoir cru en moi. Merci de m'avoir transmis et enseigné avec tout votre amour et votre bienveillance.

Merci à l'univers de m'avoir fait croiser vos chemins. Vous m'avez permis d'apprendre et de me sentir légitime. À travers moi, ce sont des petits morceaux de vous qui continuent à se transmettre.

Merci du fond du cœur.

Merci papa. Merci maman. Comme cela n'a pas dû être facile d'être parents d'une enfant comme je l'étais. Mais merci de m'avoir accueillie dans votre famille et de m'avoir aidée à devenir celle que je suis aujourd'hui.

Votre amour, vos désamours, votre éducation, vos croyances m'ont forgée et ont fait de moi celle que je suis aujourd'hui. Et, même si je m'efforce de ne pas reproduire certaines choses avec mes propres enfants, je vous dis merci du fond du cœur pour cette expérience que l'on vit ensemble.

Si je devais changer quoi que ce soit, je choisirais de ne rien changer. C'était parfait et ça le sera encore.

Merci à mon frère et à ma sœur d'être de solides piliers dans ma vie. Notre connexion est vitale pour moi et je suis extrêmement reconnaissante de la relation que l'on a. Remplie d'amour, de partage et aussi de différences et de clivages. Vous êtes l'une des plus belles choses de ma vie et je vous remercie d'être auprès de moi. Vous êtes une force indispensable qui me porte et me sécurise.

Merci tout particulièrement à ma sœur qui m'épaule et chemine avec moi dans cette aventure.

Évidemment, je ne pourrai faire de remerciements sans parler celui qui est venu comme un roi dans ma vie.

Vincent, mon cher mari. Celui qui a fait irruption dans mon quotidien en me disant qu'il était la réponse à toutes mes questions. Celui que j'aime d'un amour inexplicable et qui me permet de travailler et d'évoluer comme jamais.

Merci mon Amour d'être entré dans ma vie et de ne pas avoir l'intention de la quitter. Tu es celui que je rêvais d'avoir depuis toute petite. Je n'aurai jamais de mots assez forts pour t'exprimer ma reconnaissance et mon amour pour toi. Tu es mon monde. Tu es mon chemin.

À mes trois canailles, merci mes petits mecs d'être là.

Vous avez tous eu un rôle primordial dans ma vie en venant au monde. Chacun à votre manière, vous êtes venus et vous m'avez rendue meilleure. Vous avez fait ressortir ce qui était le plus moche en moi pour me permettre de le travailler et de m'élever. Alors que je pensais que c'était moi qui vous élevais.

Il n'y a pas de rôle plus important et plus challengeant que celui d'être votre mère.

Vous êtes ma plus grande source d'évolution. Vous me faites grandir chaque jour. Grâce à nos partages, grâce à nos différences, grâce à nos expériences et à notre amour.

J'espère que ces réflexions et ces apprentissages sur la spiritualité que l'on vit ensemble au quotidien vous aideront à toujours faire preuve de résilience et à voir le monde de manière pédagogique.

Je vous aime très fort tous les 3.

Merci à mes amis.

Merci à ceux qui sont là. Merci à ceux qui sont partis sans revenir. À ceux qui ont seulement fait un bout de chemin avec moi. Merci à ceux qui sont partis et sont revenus.

Vous êtes les soleils de ma vie.

Merci à mes amies authentiques de m'aimer et de m'accepter dans les bons et aussi dans les mauvais moments. À mon sens c'est cela la vraie amitié, se montrer tels que nous sommes et pouvoir se partager dans la profondeur de nos êtres sans jugement, sans peur, sans rien d'autre que la connexion qui vibre entre nous. Merci pour les rires. Merci pour les larmes. Merci pour les espoirs. Merci pour votre écoute avec nos vocaux qui durent des heures. Et merci pour votre confiance.

Votre amour, votre sincérité, votre accueil au quotidien me sont très précieux.

Merci à mes collègues thérapeutes et mes partenaires avec qui j'échange énormément et qui, grâce à toutes nos réflexions partagées, me font grandir au quotidien. Marilyne Ledoux, Caroline, Mary Pijcke, Tina Semet, Amandine Vincent.

Ma chère Laëtitia, quel pilier incroyable je trouve en toi ! Merci pour tous nos échanges profonds et véritables.

Merci à vous pour votre confiance et les responsabilités que vous m'accordez.

Vous êtes des pépites indispensables à mon existence.

Et évidemment, je ne pourrai clôturer ce livre sans remercier du fond du cœur toutes les personnes qui depuis 2017, de près ou de loin, font partie de cette magnifique aventure à mes côtés.

Mes clients.

Merci infiniment pour la confiance accordée. Vous êtes tellement précieux à ma vie.

Que j'aime vous accompagner sur ce qui est souffrant pour vous aider à trouver un sens et transformer la souffrance en résilience.

Merci du fond du cœur pour votre confiance.

Et pour terminer, un merci tout particulier à toutes les personnes qui ont participé à la création de ce livre.

Merci à mon papa qui m'a aidée à réaliser ce livre en m'accordant de longues heures de relecture et de corrections.

Merci à mon amie, Coralie qui a réalisé le dessin de couverture de mon premier livre. C'était un symbole important pour moi de t'embarquer dans l'aventure.

Merci à Lionel, mon beau-frère, qui a réalisé ma couverture de livre. Tu as été un sauveur.

Merci à ma sœur qui a relu et validé chaque page avec attention.

Merci à Grégory de Pixellence pour son travail de mise en page et qui est arrivé comme une évidence.

Merci infiniment à tous pour votre aide dans la réalisation de cet ouvrage.

Bibliographie

Les secrets de l'art perdu de la prière , Greg Braden, Ed. Trédaniel.
Mon ange gardien m'a sauvée, Dorothy Chitty, Ed. Archipoche.
La maladie a-t-elle un sens ?, Thierry Janssens, Ed. Pocket
Le grand dictionnaire des malaises et maladies, Jacques Martel, Ed. Quintessence
Femmes cycliques, Pauline Valdairon, Ed. Danaé
La petite âme et le soleil, Neale Donald Walsch, Ed. Ariane
Les familles d'âmes, Marie Lise Labonté, Ed. J'ai lu
Quand ?, Dr Michael Breus, Ed. Belfond
Ces maisons qui tuent, Roger de Lafforest, Ed. Robert Laffont

Films et documentaires

Du baiser au bébé, l'aventure intérieure de Thierry Berrod.
Le chemin du pardon de Stuart Hazzeldine
Nosso lar de Chico Xavier, adapté par Wagner de Assis.
A ghost story de David Lowery,

Site internet

www.kiffetoncycle.fr

Pour poursuivre la réflexion

Livres

Développez vos facultés psychiques et spirituelles, Serge Boutboul, Ed. Exergue
La médecine de l'habitat, Jacques La Maya, Ed. Dangles
Manuel complet de géobiologie, Clémence Lefevre, Ed. Exclusif
La magie des énergies, Roger de Lafforest, Ed. Robert Laffont

Sites internet

www.lavoixdelumiere.com
www.rayonnancetv.com
www.berengeremusard.fr
www.asteelandt.com
laetitiacatalano.wixsite.com

Youtube

Berengère Musard
Rayonnance TV
Arnaud Riou
Thomas d'ansembourg
Jenna Blossoms

À propos de l'auteur

Clémence Biasino Pillet est médium passeuse d'âmes et thérapeute.Elle propose des séances de guidance et d'accompagnement thérapeutique dans son cabinet sur Mouscron en Belgique et également à distance.

Passionnée par la transmission de ses connaissances, Clémence propose tout au long de l'année des conférences, ateliers et formations avec une bienveillance et une ouverture à tous.

Retrouvez son actualité sur www.lavoixdelumiere.com

Printed in France by Amazon
Brétigny-sur-Orge, FR

27404553R00125